BRAND CANVAS

A METODOLOGIA USADA PARA MAPEAR A SUA MARCA, CRIANDO UM PROPÓSITO DE UM FORTE POSICIONAMENTO PARA VOCÊ SAIR NA FRENTE NESSE COMPETITIVO MERCADO

FELIPE MORAIS

BRAND CANVAS
A METODOLOGIA USADA PARA MAPEAR A SUA MARCA, CRIANDO UM PROPÓSITO DE UM FORTE POSICIONAMENTO PARA VOCÊ SAIR NA FRENTE NESSE COMPETITIVO MERCADO

DVS Editora Ltda. 2022 – Todos os direitos para a língua portuguesa reservados pela Editora.

Nenhuma parte deste livro poderá ser reproduzida, armazenada em sistema de recuperação, ou transmitida por qualquer meio, seja na forma eletrônica, mecânica, fotocopiada, gravada ou qualquer outra, sem a autorização por escrito dos autores e da Editora.

Design de capa, projeto gráfico e diagramação: Bruno Ortega
Revisão: Hellen Suzuki

```
        Dados Internacionais de Catalogação na Publicação (CIP)
               (Câmara Brasileira do Livro, SP, Brasil)

        Morais, Felipe
           Brand Canvas : a metodologia usada para mapear
        a sua marca, criando um propósito de um forte
        posicionamento para você sair na frente nesse
        competitivo mercado / Felipe Morais. -- 1. ed. --
        São Paulo : DVS Editora, 2022.

           Bibliografia.
           ISBN 978-65-5695-067-9

           1. Marcas comerciais 2. Marcas comerciais -
        Produtos - Marketing 3. Marcas de produtos -
        Administração 4. Marcas de produtos - Marketing
        5. Método Brand Canvas I. Título.

 22-123976                                     CDD-658.827
                  Índices para catálogo sistemático:

           1. Marcas : Gestão : Administração de marketing
              658.827

           Aline Graziele Benitez - Bibliotecária - CRB-1/3129
```

Nota: Muito cuidado e técnica foram empregados na edição deste livro. No entanto, não estamos livres de pequenos erros de digitação, problemas na impressão ou de uma dúvida conceitual. Para qualquer uma dessas hipóteses solicitamos a comunicação ao nosso serviço de atendimento através do e-mail: atendimento@dvseditora.com.br. Só assim poderemos ajudar a esclarecer suas dúvidas.

BRAND CANVAS

A METODOLOGIA USADA PARA MAPEAR A SUA MARCA, CRIANDO UM PROPÓSITO DE UM FORTE POSICIONAMENTO PARA VOCÊ SAIR NA FRENTE NESSE COMPETITIVO MERCADO

FELIPE MORAIS

www.dvseditora.com.br
São Paulo, 2022

SUMÁRIO

APRESENTAÇÃO 8

PREFÁCIO GABRIEL ROSSI 12

FELIPE MORAIS 14

AGRADECIMENTOS 19

FM CONSULTORIA 20

POSICIONAMENTO DE MARCA 24

O PROCESSO DE CONSTRUÇÃO DE MARCAS FORTES 28

UM POUCO DE BRANDING 33

CANVAS PARA NEGÓCIOS 47

O QUE É O BRAND CANVAS? 50

POR QUE USAR? 53

METODOLOGIA 5PS DE BRANDING 55

COMO FAZER IMERSÃO NA EMPRESA? 61

COMO PESQUISAR PERFIS DE PÚBLICOS? 64

CRIANDO PERSONAS 71

INICIE SEU BRAND CANVAS 80

CAVE SEU PROPÓSITO 81

PALAVRA MÁGICA 88

CULTURA EMPRESARIAL 90

DIFERENCIAIS DE PRODUTO	93
PALAVRAS-CHAVE	95
HISTÓRIA	97
MISSÃO	100
VISÃO	103
VALORES	105
PROPOSTA DE VALOR	108
MENSAGEM PRINCIPAL	111
ATRIBUTOS EMOCIONAIS	120
ATRIBUTOS RACIONAIS	122
DNA DE MARCA	125
COMO CRIAR SUA BRAND PERSONA	145
ARQUÉTIPOS DE MARCA	146
PESQUISA DE ARQUÉTIPOS	153
TOM DE VOZ	155
COMO A CRIAÇÃO USA ISSO?	158
OK, MAS COMO É O PASSO A PASSO?	159
MARCAS SÃO, FALAM E FAZEM	166
CONCLUSÃO	170
BIBLIOGRAFIA	174

APRESENTAÇÃO

Este projeto visa mostrar a vocês como essa metodologia poderá ajudar no mapeamento das informações para as tomadas de decisão no momento de construção de marcas.

Ela é inspirada e baseada no tradicional modelo Canvas, muito utilizado por profissionais de estratégia para construir mapas que sejam úteis para tomadas de decisões. O setor de *startups*, que cresce de forma exponencial no Brasil, se utiliza muito desse recurso, para mapear diversos pontos que ajudem as empresas a seguir no melhor caminho.

Utilizando a metodologia 5Ps de Branding, que você verá mais à frente, levantamos diversas informações, com pesquisas internas e externas, para chegar ao caminho da marca. Mesmo que a metodologia de 5Ps de Branding esteja consolidada, estamos sempre buscando novos elementos para que ela seja ainda mais assertiva para a eterna construção de marca. À frente, você verá mais sobre isso, mas a construção da marca nunca para.

Com isso, estou constantemente lendo sobre branding, fazendo cursos online, assistindo a palestras e ouvindo grandes nomes do mercado, como Jaime Troiano, Daniela Cachich, Walter Longo, Rafael Rez, Martha Gabriel, sobre o tema, que vamos aprendendo dia após dia. Essas são as minhas grandes referências na área de *marketing* e comunicação online.

DNA de marca

Em meio às pesquisas que estava fazendo para a marca, surgiu um artigo que me chamou a atenção sobre DNA de marca — um ponto que, na minha metodologia dos 5Ps de Branding, não utilizo, simplesmente porque, na hora de montá-la, eu não me ative a isso, já que a metodologia analisa mais de 60 pontos de marca. Essa, confesso, eu deixei passar.

Fui lendo sobre o DNA de marca e me interessando mais sobre o tema. Fui entendendo esse importante pilar de marca, que é como descobrir algo único, muito similar ao Unique Selling Proposition (USP), que eu uso na metodologia de "Verdades da Marca" — que compõe os 5Ps de Branding, a qual você verá também nos próximos capítulos.

Inclusive, neste capítulo, você verá um detalhamento sobre a metodologia. Lancei um *e-book* chamado *DNA de Marca*, logo depois que tinha escrito e enviado este livro para a editora. Então, resolvi incluir o *e-book* no capítulo dedicado ao DNA e mandei uma nova versão para a editora, já com esses capítulos.

APRESENTAÇÃO

Alerta: você vai ver que este livro é uma continuação do meu primeiro livro sobre branding, chamado *Planejamento de Marca no Ambiente Digital* (DVS Editora). **Entenda este livro sobre o Brand Canvas como uma continuidade do livro anterior**. Afinal, o *Brand Canvas*, como explicarei ao longo desta obra, surgiu no projeto do Aposta1 (www.aposta1.com) dentro da metodologia 5Ps de Branding, que o livro *Planejamento de Marca no Ambiente Digital* aborda em detalhes. (Aliás, fico feliz com os resultados de venda que o livro teve logo no primeiro ano de vida). Então, fica combinado aqui, entre nós, que vou falar muito sobre os 5Ps de Branding, pois o *Brand Canvas* surgiu dessa metodologia, que é o guarda-chuva para outras metodologias que a compõem. Também vou citar muito o livro *Planejamento de Marca no Ambiente Digital*, uma vez que o *Brand Canvas* é uma continuação dele. Ok?

Por mais que eu atue desde 2001 com *marketing* digital, ainda sou muito do "papel e caneta". Gosto muito de escrever, sou viciado em caneta, lápis e lapiseira, e se deixar compro uma por dia — não à toa, minha marca favorita é a Montblanc, mas essa não tem como comprar nem uma por ano!

O artigo que li sobre DNA me empolgou a ler outros. Li pelo menos dez artigos com o mesmo tema — aliás, indico a você a fazer o mesmo. Eu tenho um caderno ao meu lado, sempre, de folha sulfite, A4, sem pauta. Propositalmente fica ao meu lado, para eu ficar rabiscando. Às vezes, dando aula, fico falando e rabiscando, uma mania que tenho. Esse caderno foi a base para eu ir anotando tudo, rabiscando, fazendo conexões com setas e tentando criar um mapa mental (se é que dá para chamar assim) de todos os pontos que compunham o que é o DNA de marca.

Ao ler os artigos e compreender bem o que era o DNA de marca, fui ver alguns vídeos de profissionais da área. O tema é relativamente simples, mas quis saber o máximo possível para tomar a minha decisão de como eu usaria esse novo elemento nos caminhos das marcas com as quais eu trabalho ou virei a trabalhar um dia.

O desafio

Como eu pegaria todas as anotações e rabiscos feitos naquela folha e poderia traduzi-los em algo que pudesse ser usado? Como organizar tanta informação? Bem, é exatamente para isso que as metodologias servem, para organizar as informações.

Vendo aquele monte de conceitos, palavras, setas e contornos, me veio a imagem do tradicional modelo do Canvas. Abri o Google Imagens, digitei "Canvas" e peguei o primeiro desenho como exemplo, já que a metodologia é única.

Abri o Keynote e comecei, olhando o modelo Canvas, a colocar na tela do computador o que estava desenhado em minha mente. Fiz a primeira versão, gostei, mas nunca acertamos de primeira. Metodologias mudam sempre; aliás, se não mudarem, elas morrem em poucos anos.

A marca Aposta1 foi a "cobaia" da metodologia. Comecei a organizar com alguns pontos, e isso me deu uma ideia melhor do caminho a seguir, mas ainda não sabia em que momento colocar aquele *slide* para que fizesse sentido e não fosse apenas mais um *slide* dentro da apresentação nem que pudesse ser repetitivo.

Criei o modelo e precisava de um nome. Não sou tão bom para dar nomes, mas esse ficou meio óbvio: se é Canvas para branding, Canvas Brand me pareceu o mais lógico, pois é uma metodologia para marcas. Eu também não gosto de usar muitos nomes em inglês, acho até chato quando publicitário começa a usar termos em inglês para tratar de conceitos que usamos em português, mas a metodologia se chama Canvas, e isso não pode ser mudado. Canvas Marca ou Canvas de Marca soa estranho, então, vamos usar Brand que é um termo que vem de branding, muito usado no mercado, por ser uma palavra que resume bem toda a gestão de marca que as empresas precisam fazer.

O começo

Como disse, as metodologias nunca estão 100% prontas, e dificilmente a primeira vai ser a certa. É, efetivamente, ao colocá-la no papel e usá-la que vêm mais ideias e dúvidas. É nesse momento em que você olha como vai usar aquela sua nova criação. E não foi diferente dessa vez. Quando fui para a parte de construção de mensagem (vou detalhar mais à frente), percebi que poderia colocar mais informações ali e, também, achei o posicionamento certo para essa metodologia aparecer na construção do caminho da marca, de modo que não ficasse solta ou parecesse apenas um *slide* para fazer volume na apresentação.

Foi usando a Aposta1 (www.aposta1.com) que eu cheguei à primeira versão e a aprimorei. Coloquei mais informações que pudessem direcionar a construção da mensagem, mais informações que pudessem dar um norte, além, é claro, de simplificar o modo de se chegar ao DNA da marca, que foi o pontapé inicial da construção do Brand Canvas. Por isso, esta acabou sendo a metodologia que ajuda a chegar a esse DNA, uma vez que o estrategista de marca já tem todos os outros pontos, ao preencher o Brand Canvas, e basicamente só os copia e cola. Assim também é o Canvas, no qual se colocam todas as informações que já se têm sobre a marca.

APRESENTAÇÃO

Foi dessa forma que surgiu o material que você está lendo aqui. Ao longo deste livro, você vai entender, de maneira simples, direta e rápida, como criar o seu Brand Canvas e como trabalhar para o fortalecimento da sua marca. No entanto, não é apenas essa metodologia que vai ajudá-lo a construir a sua marca; este é um processo contínuo, que conta com muitos passos e metodologias. Aqui, você verá algumas metodologias e um dos inúmeros caminhos usados para que a sua marca se torne forte e muito bem posicionada, de modo que a sua mensagem conquiste o coração do seu consumidor.

Para baixar o PDF com o Brand Canvas, entre no meu site: **www.felipemorais.com**. Lá, você poderá fazer o *download*!

FELIPE MORAIS
www.felipemorais.com

PREFÁCIO GABRIEL ROSSI

Ao longo dos anos, construí uma forte amizade com o Gabriel Rossi, que, além de excelente profissional e professor, se tornou um grande amigo. Por todo o seu amplo conhecimento sobre branding e comportamentos, pedi para ele escrever o prefácio deste livro. Convido você a ler e aprender um pouco com as palavras desse meu grande amigo e parceiro da vida profissional e acadêmica.

Marcas são promessas; jornadas, associações presentes na psique do sujeito.

Por favor, entenda: vivemos na cultura do consumo. Marcas trazem simbolismos, pontos de apoio e atalhos para as pessoas. Marcas são inescapáveis. Marcas são metáforas do espírito do tempo.

Felipe Morais, meu parceiro de trabalho e amigo pessoal, entende do que está falando. Neste livro, ele traz uma enorme colaboração ao nos lembrar de que marketing (e consequentemente o branding) é muito mais do que pura promoção; marketing não é perfumaria ou enganação. Marketing é, sobretudo, pensar nas perspectivas do mercado e do consumidor. Assim, nosso papel é construir marcas autênticas e inspiradoras. E essa tarefa é cada vez mais desafiadora, pois o comportamento do consumidor está sendo constantemente redefinido. Ele desenvolve filtros e intimidades com produtos, empresas e serviços, e estes que exigem movimentos rápidos, evolução e reinvenção constantes.

Então, como podemos nos preparar para tantas transformações e desafios? O autor é enfático ao nos ensinar que marcas verdadeiramente diferentes são aquelas que se colocam nos sapatos do consumidor, vivenciam o contexto do mesmo. Buscam ler a realidade; criam laços de confiabilidade, de encantamento e, por ventura, de amor.

Também preciso dizer que este livro me trouxe ar fresco e conforto. É tranquilizante e enobrecedor ler uma obra comprometida com a realidade de mercado e com a integridade intelectual. Durante sua leitura, não espere frases de efeito ao vento ou pendurrcalhos desnecessários que não agregam nada na hora da verdade. O jogo aqui é proposto por quem vive e conhece o mundo das marcas. Alguém que vem dedicando a maior parte da sua vida a esse mister.

Esta obra é para você que cansou de autoproclamados gurus caricatos com fórmulas mágicas e simplificações desmedidas.

PREFÁCIO GABRIEL ROSSI

Meu amigo Felipe, nesta nova obra, honra quem seriamente estuda e atua no campo. Compre várias cópias, uma para você e as outras para os cínicos que insistem em não dar crédito ao que é ululante: construir marcas fortes nunca foi tão importante; o mundo está com excesso de informação, e as pessoas sofrem com a falta de tempo. Marcas têm o papel de facilitar escolhas e encantar.

Marcas fortes são janelas. Não são espelhos.

Gabriel Rossi é profissional de marketing e sociólogo, pesquisador e professor da ESPM e da USP/ESALQ.

BRAND CANVAS

FELIPE MORAIS

Nasci em 23/09/1979, filho do advogado Mauro de Morais e da psicóloga Ana Cristina Magalhães de Morais. Irmão da publicitária Bia Morais, casado com a também publicitária Maya Mattiazzo. Sou tio do João Lucas e do Miguel, filhos da minha irmã com meu cunhado, Weder Muniz; e também do Gaizka e da Luna, filhos do irmão da Maya, Otávio. E claro, sou o feliz pai da Fernanda!

Eu me formei em Publicidade pela FMU no final de 2003. Já no começo de 2004, iniciei a pós-graduação em Planejamento de Comunicação pela Universidade Metodista de São Paulo, onde me formei em 2005. Em 2006, fiz o curso Bootcamp de Planejamento de Comunicação na Miami Ad School. Em 2007, o curso de Planejamento Digital no Igroup; em 2010, o de Redes Sociais, na FGV; e 2011, o de Gestão de Ecommerce, na ComSchool.

Em 2020, fiz um curso extenso de Neuromarketing pelo Instituto Brasileiro de Neuromarketing. Em 2021, fiz o curso de BrandPedia da Troiano Branding e, na sequência, a certificação de Inbound Marketing da HubSpot. Fora esses cursos, já fiz mais de 100 cursos online e presenciais de curta duração na FGV, ESPM, Dr. Ecommerce, Sharp Spring, Academia Draft, Nova Escola de Marketing/Rafael Rez, All In Midia, Grupo de Mídia, Grupo de Planejamento, IAB Brasil, WBI Brasil, Yahoo!, APADI, Google, IBMEC, Troiano Cursos, Integra Cursos, Endeavor, São Paulo Digital School, Descola, Tendere Pesquisas, Pixar/Disney, Google, Kantar Talks, Martha Gabriel&Rafael Kiso, Udemy, Meio&Mensagem, Universidade Racconn, Renato Mendes (roteirista da Rede Globo), Exame Academy, Assoc. Brasileira Recursos Humanos, Domestika, Rock Content University e RDStation.

Fiz cursos nas áreas de conteúdo, redação, roteiro, mídia, planejamento, inbound marketing, gestão de pessoas, e-commerce, marketing de conteúdo, inovação digital, mobile, Google, marketing de performance, marketing de relacionamento, experiência do usuário, gerência de projetos, branding, comportamentos, pesquisa de tendências, storytelling, SEO, métricas para redes sociais, gestão de redes sociais, escrita criativa, transformação digital, estratégias digitais, LGPD, copywriter, dentre outros.

Isso sem contar os eventos do Proxxima, Meio e Mensagem, Abradi, Digitalks, Ecommerce Brasil e VtexDay, dos quais sempre participo e vou a palestras, para aprender sempre mais. Todos os dias aprendemos, não apenas nos mais de 100 livros que li da área ou nas 10 newsletters que leio diariamente; aprendemos sempre. E coloco tudo isso para que você entenda que não foi lendo 10 artigos sobre o DNA de marca que criei esta metodologia, mas, sim, ao longo de mais de 20 anos de mercado e, como você pôde ver, com aprendizado constante.

Entretanto, nem só de cursos um profissional se forma. Em 2001, no meu primeiro ano de faculdade, eu fiquei os seis primeiros meses apenas estudando na faculdade e fazendo alguns cursos para entender mais sobre publicidade. Fiz curso de Photoshop e Illustrator, o que eu achei que ia usar, pois entrei na faculdade para trabalhar com criação, como 99% dos alunos que entram na faculdade de Publicidade. Esses cursos foram indicação da sobrinha de um ex-cliente do meu pai e demoraram quase seis meses para encerrar. Fiz cursos no CIEE também na época. No fim do primeiro ano, fui o primeiro aluno da faculdade a arrumar um estágio em uma agência (muitos trabalhavam, mas em outras áreas). Foi na extinta agência O Corpo do Negócio, que dei meus primeiros passos na publicidade. Mandei o CV por e-mail respondendo a uma vaga, e ter feito os cursos de Photoshop e Illustrator, foi o que me credenciou para ela.

Em um mês lá, estava na cara que eu jamais seria um diretor de arte; logo, o dinheiro investido nos cursos, eu poderia dizer, havia sido jogado no lixo, mas foi lá que eu comecei a trabalhar mais com redação, pois ajudava mais o redator do que o diretor de arte que era meu chefe. Fiquei poucos meses e consegui outro estágio, agora na área de redação. Sempre amei escrever e tinha entrado na faculdade de Publicidade inspirado em um grande redator: Washington Olivetto.

Até o quarto ano da faculdade, eu era redator, mas a aula de Planejamento de Comunicação com meu professor, e amigo até hoje, Paulo Genestreti me encantou e mudei o rumo. Eu já estava na Canal 4, uma produtora de TV criada pelo ex-diretor do SBT, Valter Leite, grande amigo até hoje. Ele estava montando uma agência dentro da produtora, e eu, mesmo como estagiário, era quem a comandava. Fazia de tudo: planejamento, redação, direção de arte, menos mídia. No fim de 2003, ele foi contratado por uma TV, e eu optei por seguir na publicidade, indo para a Lybra Comunicação, onde fui contratado para planejamento, mas também fazia a parte de redação e gestão de projetos. Foi no mesmo mês que iniciei a pós em Planejamento de Comunicação.

Em 2005, a Publicis Brasil me chamou para ser assistente de mídia. Era um salário três vezes maior que na Lybra, para atuar em uma das cinco maiores agências do país. Topei na hora, mesmo sabendo pouquíssimo de mídia e não sendo uma agência digital — e olha que eu já tinha me apaixonado pelo digital. Durante 15 dias, eu li dois livros recomendados pela minha querida amiga Andrea Cerione, amiga antes deu entrar na publicidade, por ser casada com o Antonio Achôa, sócio do meu pai no escritório de advocacia no qual, por três anos — na época de colegial — fui office-boy. Na minha primeira semana de Publicis, fiz um curso no Grupo de Mídia, e pelo menos o básico eu sabia. Agora, era mão na massa.

BRAND CANVAS

Por causa da perda da conta do Bradesco, mesmo eu atendendo a Nestlé, fui demitido, com mais 100 pessoas da agência. Mas, pela minha experiência de três anos no online e por ter passado pela Publicis, em menos de um mês estava no Grupo Full Jazz, da encantadora Christina Carvalho Pinto. Passei alguns meses lá, no planejamento digital, até receber uma excelente proposta da Navigators, para atender à Symantec e à Danone, como coordenador de projetos e planejamento.

No fim de 2006, fui para a A1 Brasil, onde conheci meus grandes amigos Cris Lindner, Euripedes Magalhães e Rogério Conti. No mesmo ano, fiz o Bootcamp e conheci o Anderson Bordim, então diretor da Cappuccino Digital, que me convidou, em 2007, para ser o gerente de planejamento da agência. Em 2008, fui aprender mais de mídia na Salles Chemestri com a GM e, na sequência, na NeogamaBBH com o Bradesco. Em 2009, mudei de lado, e fui montar a FTPI Digital a convite do Marcelo Cazzo e do Walmyr Mateoli, sócios até hoje. Em 2010 resolvi voltar para agência e fui ser o gerente de planejamento da Casanova, onde conheci o meu "MBA ambulante", Araken Leão, grande amigo até hoje.

O projeto não deu certo, fui para o Grupo TV1, mas o começo da pós que eu lancei e o nascimento da minha filha, somados com a confusão que era atender a Caixa, me tiraram da vaga em poucos meses, o que foi ótimo, pois tive a oportunidade de ir para a Agência Tesla, em 2010, onde trabalhei com a Mercedes-Benz, uma escola para mim; conheci meu querido amigo Daniel Barros e me apaixonei pela marca alemã. Quem me levou foi o Daniel Winter, que havia me entrevistado em uma outra agência; devido ao salário, não tínhamos dado sequência, mas a amizade feita naquela sala de RH permaneceu.

Em 2011, recebi uma proposta para trabalhar com e-commerce, no que eu não tinha experiência, mas pelo qual já era um apaixonado. Eu dava aula de Planejamento de Comunicação na ComSchool e no MBA de E-commerce da Universidade Anhembi Morumbi e, com isso, assistia a algumas aulas — e me encantava com aquele universo. O convite veio de Francesco Weiss, que me seguia nas redes sociais e gostava do que eu postava. Conversamos e, em poucos dias, eu estava com ele dentro do Ponto Frio, para projetos de usabilidade.

Em 2012, a Giuliana Flores me chamou e optei em ir para um projeto mais calmo, tendo em vista que, naquele ano, eu sofri meu primeiro infarto; foi quando me separei da mãe da Fernanda, com quem convivi por oito anos, sendo quatro casados. A Fefe não tinha nem dois anos quando tudo isso ocorreu. Em 2014, mudei para Jundiaí por causa do trabalho da Maya, e o Rogério Conti, a quem conheci na A1 Brasil, e o Gabriel Tosi, que eram meus amigos sem nos conhecermos, me chamaram para a TopDeals, uma agência em Itu, à qual cheguei como diretor de planejamento e novos negócios.

Em 2015, a Maya foi promovida na empresa, assumindo o marketing, além do e-commerce, e voltamos para São Paulo. A TopDeals não queria ter escritório em SP, seria inviável ir para Itu todos os dias, então, me desliguei e montei a FM CONSULTORIA, nome inspirado na JR Planejamento que o grande Julio Ribeiro estava montando na mesma época. Fui levar um exemplar do meu livro *Planejamento Estratégico Digital*, lançado no mesmo ano pela Somos Educação. Conversamos muito, ele era um ídolo para mim. Poucos meses depois, na *Revista da ESPM*, ele deu uma entrevista na qual disse estar lendo o meu livro e o elogiou.

> *O nome FM CONSULTORIA está sempre em caixa alta e isso você vai ver ao longo do livro. Optei por ter essa grafia uma vez que ela se destaca no texto quando escrevo.*

Desde então, eu toco a FM CONSULTORIA. O que era para ser uma empresa momentânea está crescendo a cada dia, e atendemos clientes, agências e veículos. Foi na consultoria que eu aprendi mais sobre branding, desenvolvemos a metodologia 5Ps de Branding e fizemos trabalhos fantásticos nessa área para Panasonic (junto com a agência Fess'Kobbi), Chiesi Farmacêutica, Officer Distribuidora, Samsung (junto com a empresa Maquina Cohen&Wolf) Amíssima Modas (junto com a agência S8WOW), Vitacon (junto com a agência Santa Clara), Top Premium Brasil e HZ Eventos (junto com a agência MB8), Global Data Bank, Prohall (junto com a agência Growth House), Sakura temperos (junto com a agência Focus Network), entre outros projetos.

Já atendemos clientes como Agência Pulso, Nancy Assad Comunicação, JR Planejamento, Franke CookieTop, Julio Okubo/Atende Ecommerce, MitsuiCo, Origo Solar, Chocolândia, JacMotors/Agência Conversion, Growth Supplements/Agência Conversion, LRS Tecnologia, Dr. Ecommerce, Grupo JRC, NBPress, Agência Varanda, Atua Agência, Kroton Educacional, Duovozz, Domus Holding, Vincere Comunicação, 7Ways Agência Digital, Damásio Educação, Copag/Always On, HCor, Guiase Franquia digital, Universidade Brasil, UPL Agro, Tilly Pescados/Agência Visia, entre outros.

Dou aula em MBAs e cursos de curta duração na ESPM, FGV, Faap, Belas Artes, Trampos Academy, Academia de Marketing Digital, USP, Unoesc, Fashion Meeting, Psiu Comunicação e Icoop. Dou aulas de Branding, Planejamento Digital, Comportamento do Consumo, Branding para Instagram, Transformação Digital, Posicionamento de Marca e Marketing Digital. Já ministrei aulas em MBAs, graduação e cursos livres no SENAC

BRAND CANVAS

(SP, S. J. do Rio Preto, S. J. dos Campos), Casper Líbero, Universidade Anhembi Morumbi, Miyashita Consulting, Sebrae, ComSchool e Digitalks.

Já palestrei para Vivo, Unimed (SP e Caxias do Sul), Faap (Ribeirão Preto), UNIP, Unitau, Unievangélica, HSMAI Turismo, Grupo Evodia Perfumes, Home Angels, Grupo de Midia (SP e MT), Escola Paulista de Direito, Univ Marília, FMU, Conselho Regional de Contabilidade, Grupo DPG, Itau/Accenture, Faculdade Canção Nova, Cogna/Kroton, Unoesc, Faculdade Anhanguera (SP e Goiânia), InovaBra, e em eventos do setor, como Digitalks, Ecommerce Brasil, Guiase, Abradi e Social Media Week.

Sou articulista dos sites: Mundo do Marketing, Innovation Insider, Digitalks, Tutano Trampos, Ecommerce Brasil e na Nova Escola de Marketing.

FELIPE MORAIS

AGRADECIMENTOS

Mauro e Cristina. Meus pilares, minha força, a quem devo tudo. Eles me ensinaram a ser quem eu sou, com valores que levo não só para a vida, como passo para o meu maior projeto, presente e alegria da minha vida: Fernanda.

Obrigado, Bia Morais, por ser minha melhor amiga e irmã, por ter me dado, ao lado do Weder, esses anjos chamado João Lucas, meu afilhado que amo tanto, e o arteiro Miguel, outro amor que não se explica.

Maya Mattiazzo, por me aguentar, por me apoiar, por me colocar no chão quando eu viajo muito, mas por ser o grande amor da minha vida.

Obrigado a meus avós, tios, primos e amigos, por me ajudarem a chegar até aqui. Se eu for citar nomes, posso esquecer alguns, por isso os que são meus amigos de verdade sabem que estão sendo homenageados, afinal, mais do que poucas palavras em um livro, a gratidão que tenho por vocês expresso sempre que possível.

Aos profissionais do mercado que tanto me ensinaram, ensinam e ensinarão muito ainda.

Aos meus clientes e ex-clientes, pela confiança no meu trabalho, pela paciência com os erros e por comemorar, junto comigo, os acertos.

Aos meus alunos e ex-alunos, pela confiança de me ouvir, de me ensinar mais do que eu lhes ensino.

A Deus, por fazer tudo isso ser possível.

FELIPE MORAIS

FM CONSULTORIA

Como disse na minha biografia, a FM CONSULTORIA nasceu em julho de 2015. Não era um sonho meu ser empreendedor, aconteceu e, mesmo com um certo medo, encarei, até porque naquele momento era isso ou ficar em casa mandando CVs na tentativa de me recolocar no mercado. De fato, eu não parei de enviar CV mesmo com a consultoria aberta. Cheguei a fazer algumas entrevistas, cheguei à final em três oportunidades, mas acabou não dando certo, o que me fez entender o recado de Deus: concentre-se na sua empresa.

Somos uma consultoria que acredita em comportamento. Nosso posicionamento é "entender a cabeça de consumidor é o diferencial estratégico" — é nisso que acreditamos desde o primeiro dia em que a FM CONSULTORIA começou a trabalhar, pois esse é o meu pensamento desde que eu comecei a trabalhar com planejamento. Nós entregamos estratégia e vendas, baseados em um posicionamento claro e direto, com uma comunicação mais assertiva baseada em pesquisas. Confuso? Para nós, nem um pouco, é nosso dia a dia: ouvir primeiro, sair fazendo depois.

Começamos atendendo a projetos de planejamento de comunicação digital das agências. A demanda crescia, não havia muitos profissionais, e os clientes já estavam reclamando do fato de as agências chegarem às reuniões com muitas ideias e plano de mídia, sem um pensamento estratégico da comunicação, sem estudo de mercado ou uma análise mais profunda da concorrência que fosse além de um print das redes sociais mostrando quantos seguidores tinha cada marca concorrente. Faltava também um estudo mais analítico e direto do público-alvo, que há muito tempo deixou de ser definido por sexo, idade, cidade onde mora e classe social. A internet abriu espaços para qualquer marca de esquina se tornar global.

Somos uma consultoria focada em resultados, por isso acreditamos no planejamento bem estruturado baseado em pesquisas, estudos, análises e tendências. Somos contra a ideia pela ideia, mídia pela mídia. Somos a favor de uma comunicação integrada, que faça sentido para o consumidor das marcas a que atendemos. Por isso, acreditamos que uma pequena marca pode se tornar grande, como a loja da esquina que se torna uma empresa bilionária; afinal, quem começou gigante?

Meu primeiro cliente foi a Agência Pulso, para a qual eu já havia feito trabalhos outras vezes, com excelente performance. Iniciamos duas vezes por semana. Um amigo me indicou um e-commerce, que comecei a atender uma vez por semana, e acabei fechando um outro projeto uma vez por semana. Estava ótimo, ganhava mais que na TopDeals e trabalhava quatro vezes por semana, conseguindo dedicar as sextas-feiras a projetos especiais e aos dois2 MBAs que eu coordenava na época.

O tempo foi passando, novos projetos foram entrando, novos amigos fui fazendo. Comecei a dar aulas na ESPM a convite do meu querido amigo Gabriel Rossi, e isso começou a gerar projetos sensacionais, por exemplo, com a Chiesi Farmacêutica, que foi o maior projeto que fizemos até hoje na consultoria. Ficou lindo! Tenho um enorme orgulho dele. É uma pena que eu não dei um print na mensagem que o Rodrigo Francelli me mandou quando leu a versão, dois dias antes da apresentação final. Confesso que me escorreu uma gota de suor hétero pelo olho esquerdo no momento em que li as palavras que ele me escreveu no WhatsApp.

Fomos evoluindo ano após ano. Fortalecemos a nossa marca, com pilares bem sólidos. Nosso propósito é claro, direto e usado em todos os projetos: mudar os rumos das marcas através de comportamentos. Nossos valores são claros desde o primeiro contato com o cliente: transparência, profissionalismo, inteligência, inovação, ética e confiança. A confiança é fundamental, uma vez que nossos clientes chegam por três vias: indicação, aula ou profissionais que já atuaram conosco em outras agências e projetos, que mudam de empresa e nos indicam. Isso lida perfeitamente com a nossa visão: ser reconhecida pela excelência no trabalho, trazendo novos olhares e inovação para os clientes, com a missão de trazer o olhar do consumidor para o dia a dia das marcas, inovar de forma estratégica. Ou seja, não é o fazer pelo fazer — o que acreditamos ser totalmente errado.

Ao longo dos anos, nos juntamos a URL Company, do meu querido amigo Roberto Camargo, e fomos desenvolvendo projetos para várias marcas, como o portal Canal Conecta, da Kroton, a maior empresa de comunicação do mundo.

Começamos a desenhar projetos de mídia, junto a URL, projetos de branding — que hoje são nossos principais —, e pesquisas de mercado e consumo também chegaram até nós. Até julho de 2021, quando fizemos seis anos, já tínhamos atendido mais de 50 clientes e feito mais de 200 projetos. Não somos a Accenture, mas ela também não começou gigante! Projetos educacionais começaram a aparecer, não apenas para dar aula, mas para montar cursos, e-books e até livros sobre marcas, um projeto que sonhamos em fazer, mas ainda não conseguimos.

Hoje, a nossa forma de trabalho é muito simples: nós criamos um projeto focado na necessidade do cliente usando a nossa metodologia. Temos metodologia para cada tipo de serviço que entregamos, nas cinco unidades de negócio que temos na FM CONSULTORIA:

BRAND CANVAS

PLANEJAMENTO: planejamento de comunicação, branding, posicionamento de marca e mídia (performance, branding e programática).

COMPORTAMENTOS: voz das ruas (pesquisa consumo), estudo de tendências e estudo de arquétipos para comunicação nas redes sociais.

TRANSFORMAÇÃO DIGITAL: planejamento e estudos de tendências com foco nessa importante estratégia de negócios.

INOVAÇÃO: pensamento inovador (como a sua marca pode inovar) e ferramentas (buscamos com parceiros e ajudamos a usar).

EDUCAÇÃO: gestão de conteúdo (montagem de curso, e-books, palestras, livros) e aulas in company, com faculdades, universidades e escolas de negócios.

Cada serviço tem uma metodologia própria, e entregamos de acordo com as necessidades do cliente. Para isso, jamais abrimos mão de uma coisa: pesquisa. Sem antes conhecermos a empresa, colaboradores, mercado, concorrência, público, a gente não sai do lugar.

Não temos funcionários fixos, contratamos sob demanda. Entretanto, como estamos sempre atuando com a agência — ou com a agência do cliente que nos contrata —, a gente acaba ficando com o pensamento estratégico, deixando a execução para as agências que seguem nossa linha. Atuamos com a NovaSB/S8, também, para projetos mais complexos e que exigem um time maior e ferramentas mais sofisticadas e pagas.

Com isso, hoje temos um portfólio bem amplo de clientes atendidos, entre agências como Mestiça Propaganda, Nancy Assad Comunicação, Fess'Kobbi, TopDeals, Santa Clara, Agência Zum, Duovozz, Máquina Cohen&Wolf, Grupo DPG, Atende Ecommerce, Vincere Comunicação, Seven Ways Agência Digital, Always On, TBoom Agência, Focus Network, Dr. Ecommerce, S8WOW, NovaSB, Guia-se marketing digital e Agência Visia.

Entre os clientes, atendemos, junto com as agências ou de forma independente, contas como: Panasonic, Samsung, Growth Suplementos, Moda em Atacado, Carmin, Sascar, Sakura, Rede/Itaú, Franke Cooktop, CorpFlex, Julio Okubo, Jac Motors, Chocolândia, Targs Camisetas, Eurofarma, Teva Farmacêutica, Tita Co., Damásio Educacional, CAOA Consórcios, Trend Viagens, JRDiesel, Sebrae, Zezé di Camargo e Luciano, Vitacon, Copag, Sanofi Laboratório, Loja Online da KissFM, Ministério da Saúde, HCor, Wella, Oakberry Açaí, Ecogen, Abduch Construtora, Freegells, Mosaic, Amíssima Modas, Ramson, Posto Atem, Chiesi Farmacêutica, Serpa Brasil-China, UPL Agro, Martinez Calçados, Officer Distribuidora, Tilly Pescados e BabyBiz.

Quer saber mais?

www.felipemorais.com

Lá você saberá mais sobre a FM CONSULTORIA, além de ler semanalmente artigos sobre os temas que envolvem comportamento, branding, planejamento, negócios, inovação, transformação digital, entre outros temas, sempre ligados ao universo do marketing e da comunicação digital.

POSICIONAMENTO DE MARCA

Posicionamento de marca é fundamental. Não existe sombra de dúvida de que a fase pós-Covid, na qual em breve o mundo entrará, mudou a forma de as pessoas enxergarem o mundo. Se pudéssemos reproduzir em uma foto o que está ocorrendo, neste momento, eu diria que a foto de Rocky Balboa, todo ensanguentado, mas erguendo a mão no gesto de vitória, após nocautear Apolo Creed, seria a imagem ideal. Ainda não saímos totalmente da crise, mas estamos caminhando para isso, graças a Deus!

A gestão das marcas mudará completamente! Na verdade, já mudou, só não vê quem não quer. Recolhi um resumo de pensamentos, que, nesse momento de pandemia, pude aprender com grandes nomes do mercado, para que você entenda como os grandes líderes das grandes empresas estão pensando:

- Ricardo Dias, que até setembro de 2020 era VP de marketing da Ambev, aposta muito na era da atenção.
- Daniela Cachich, VP da Pepsico Brasil, aposta muito na era das causas.
- Hugo Rodrigues, CEO da WmcCann, aposta na tecnologia.
- Washington Olivetto aposta que a grande ideia ainda é o ponto central de uma boa história.
- Cristina Carvalho Pinto, CEO da Hollun, acredita na transparência das marcas.
- Romeo Busarello, VP de marketing e transformação digital da Tecnisa, aposta na melhor experiência nos meios digitais.
- Frank Pflamer, VP de marketing da Nestlé, aposta menos no canal e mais na essência das marcas.
- Walter Longo, consultor de empresas, acredita na era dos dados para entender perfis e ser mais assertivo nos negócios.
- Ana Couto, CEO da Ana Couto, aposta em marcas que criam cultura como proposta de valor para se diferenciar em um mercado cada dia mais igual em termos de produtos e serviços.
- Poliana Souza, VP de marketing da Coca-Cola Brasil, aposta no propósito de marca como um diferencial na construção das marcas.

Eu poderia ilustrar este livro inteiro citando diversos pensamentos que trago para o dia a dia das marcas com as quais a FM CONSULTORIA, minha empresa, atua. Se é para aprender, que seja com os melhores— e pelo cargo de cada um deles, dá para ver que eu fiz uma seleção recheada de "camisas 10". Posicionamento de marca é fundamental!

Mas nem tudo é como queríamos

Esse pessoal citado é, sem dúvida, exemplo dentre as grandes referências nacionais de marketing. Costumo dizer que o Brasil não deve nada a nenhum país do mundo nesse quesito. Qualquer um acima debateria de igual para igual, para não dizer que daria aula, a qualquer profissional de destaque mundial de marketing (não desmerecendo ninguém, apenas enaltecendo o conhecimento da seleta lista acima).

Esses pensamentos deveriam infectar, de forma positiva, as operações das agências, entretanto, estas, ainda infectadas com antigos pensamentos, enxergam a mídia como a rainha de tudo. Desculpem-me, meus colegas e amigos das agências, mas a mídia deixou de ser a rainha das batalhas há algum tempo, perdendo espaço para as marcas. Estas, sim, são as grandes rainhas das batalhas, como sempre deveriam ter sido, mas o auge das redes sociais as colocou de lado. A boa notícia é que isso pode ser mudado.

Eu caí nessa também, acreditem, mas foi ouvindo essa "galera" citada, entre outras feras, como Sérgio Lima, Rafael Rez, Rafael Kiso, Martha Gabriel, Alexandre Marquesi, Gabriel Rossi, Maya Mattiazzo, Marcelo Trevisani, Gustavo Zanotto, Paulo Schiavon, Jaime Troiano, Simon Sinek, Adriana Cury, Walter Scigliano, que mudei a minha mente sobre comunicação. E fico feliz de ter feito isso em um momento de transição de carreira, saindo de agência, para empreender na minha própria consultoria. Posicionamento de marca é fundamental!

Posicionar marcas. Esse é o diferencial

Até aqui, este livro caminhou como um planejamento deveria ser. Embasa-se antes, para depois propor o pensamento. Acredito que ficou bem clara a importância de se ouvir pessoas que fazem a diferença, e não criadores de fórmulas milagrosas que só dão resultado para eles mesmos.

Uma frase que me acompanha em meus pensamentos é que vivemos em um mundo cada vez mais "comoditizado" em termos de produtos. Em minha experiência trabalhando para a Samsung, ficou muito claro. Analisando os reviews de especialistas em tecnologia, fica claro que, tecnicamente, um smartphone da empresa coreana é superior ao iPhone, por um preço inferior. Se analisar o mercado, a marca coreana detém pouco mais de 80% dos smartphones vendidos no Brasil, contando com todo o seu portfólio.

Apenas 8% dos smartphones no Brasil são Apple, ao passo que 92% são Android, e a esmagadora maioria dos Androids são Samsung. Entretanto, esses números não são o suficiente para colocar o mais poderoso dos Samsung à frente do iPhone no quesito desejo de marca.

Não à toa, a Apple vale muito mais que a Samsung, mesmo os coreanos vendendo mais aparelhos. Afinal, se pensar em marca, a Samsung ainda sai vencendo no mix de produtos, com linha branca e linha marrom, enquanto o mix da Apple se resume a smartphone, computador, notebook, tablet, smartwatch e periféricos.

E sabe por que esse diferencial tão grande? Porque a Apple soube, como ninguém, décadas atrás, criar o seu posicionamento de marca. A Apple é a inspiração, por exemplo, para que Simon Sinek criasse a sua metodologia do Golden Circle, em que as marcas devem começar pelo porquê. E faz todo o sentido quando uma marca pensa assim.

Posicionamento precisa ser claro!

Mercedes-Benz, "o melhor ou nada". Fica claro como essa marca quer ser vista, entretanto ela não será vista dessa forma se todo o seu ecossistema não for o melhor. Isso vale para seus carros, serviços, comunicação, atendimento e aplicativos. A Mercedes-Benz precisa ser melhor em tudo, pois se ela apostar que as pessoas vão comprar seu carro por causa de status, luxo, segurança, velocidade ou conforto, poderá esquecer que Lexus, Audi, BMW, Jaguar e até mesmo Hyundai podem oferecer isso. Mas por que a Mercedes-Benz está na lista das dez marcas mais valiosas do mundo, e as concorrentes listadas não? Posicionamento de marca é fundamental.

No livro *Guiados pelo Encantamento* (DVS Editora), o jornalista Joseph A. Michelli conta sobre a estratégia que dá nome ao livro. Segundo o autor: *"guiados pelo encantamento não era uma iniciativa. Era uma jornada estratégica de longo prazo, que exigiria muitos anos de investimento, supervisão e gestão"*, ou seja, era o posicionamento da marca sendo colocado à prova nos pontos de contato do cliente com a marca de carros alemã.

Ainda no livro, Michelli conta como a marca alemã começou o processo para colocar em prática o seu posicionamento de ser o melhor *"a confiança é a base de cada empreendimento bem-sucedido. Para ganhar a confiança nos negócios, os líderes precisam comunicar as suas intenções, demonstrar que servem aos interesses de todos os stakeholders traduzir essas intenções em ação"*. Posicionamento de marca não é um slogan bonito, não é uma frase bacana na parede, não é uma frase que o CEO um dia soltou em uma reunião e todos aplaudiram; é um resumo do que a marca quer ser, da percepção que ela quer ter dos seus clientes.

Posicionamento de marca é fundamental

No universo do planejamento estratégico digital, no qual eu estou inserido desde 2004, a palavra *percepção* está em alta, desde 2004, e sempre estará. Ela é uma das palavras-chave do nosso trabalho. Marco Hiller, outra das minhas referências, sempre diz que *"a comunicação não é o que a marca fala, mas o que o consumidor entende"*. Hiller, um grande nome do branding no Brasil, tem toda a razão, afinal, do que adianta a Mercedes-Benz dizer ser a melhor ou nada, se o Sr. Jair, mecânico do bairro da Chácara Santo Antônio, que há 30 anos só mexe com Mercedes-Benz, disser que a marca nem é tudo isso?

Ou se a Sra. Ivani, empresária do ramo da construção, que desde 1990 só tem Mercedes, disser que gosta do carro, mas que ele poderia ser melhor? Qual a percepção as pessoas terão? Agora, quando a saudosa Hebe vai a público dizer que tem sete carros da marca porque os ama, aí a história pode ser diferente, não?

Se a sua marca tem um posicionamento, ótimo, mas será excelente se o cumprir!

BRAND CANVAS

O PROCESSO DE CONSTRUÇÃO DE MARCAS FORTES

Uma das coisas que aprendemos no mercado publicitário é ter referências. E isso não vale apenas para o time de criação, vale para todos! Eu, como profissional de planejamento de comunicação, tenho como referências pensamentos de outros profissionais, não apenas de planejamento, mas de criação, branding, comportamentos, mídia, inovação e pesquisa. Estou sempre lendo tudo o que posso daqueles que tenho como referência.

Recentemente, saiu uma matéria na *Folha de S. Paulo**, que entrevistou sete publicitários que mostraram como se constrói uma marca Top of Mind. Não sei quem conseguiu ler, mas estou usando este meu espaço não para reproduzir o material, mas para pegar alguns insights dos pelos profissionais e comentar, dando a minha visão como profissional. Abaixo, vou seguir o mesmo padrão da *Folha*, colocando o nome do profissional como título. O que você vai ler é a resposta ou, pelo menos, um compilado, em itálico, com os pontos mais importantes em relação à pergunta "Como se constrói uma marca Top of Mind?" e, depois, o meu comentário sobre cada resposta, com a minha visão.

Luiz Sanches, chairman e CCO da AlmapBBDO

"O desafio da publicidade é fazer com que as marcas não tenham apenas consumidores, mas fãs. Pessoas admiram marcas por alguns fatores, entre eles o propósito que ganha uma enorme força nos dias atuais. Na AlmapBBDO, a crença é que a criatividade faz toda a diferença e é essencial para engajar fãs e permanecer na mente das pessoas".

Propósito. Destaco esse ponto. Que a AlmapBBDO tem a criatividade em seu DNA é claro, a agência se consolidou nisso, e é até esperado de uma agência de publicidade que ela seja criativa, mas a preocupação da agência em pensar o propósito como um elo me deixa mais esperançoso com um mercado que se preocupa mais com marca do que apenas com a ideia criativa.

Quanto mais fã da marca, mais engajado se é com ela. A Apple e a Harley-Davidson nos mostram isso, assim como uma pessoa que veste uma camiseta da Coca-Cola ou compra um óculos de sol da Mercedes-Benz.

O PROCESSO DE CONSTRUÇÃO DE MARCAS FORTES

Isso faz uma marca forte, quando as pessoas querem se conectar com a empresa, em algum ponto através do produto.

Márcia Esteves, CEO da Lew'Lara/TBWA

"Planejamento, dados e criatividade. Fazer parte da vida das pessoas, sendo relevante e confiável. A paixão pode ocorrer rapidamente, mas para ser Top of Mind, é preciso ter a vontade de construir algo a longo prazo. Contamos história para gerar experiência, gerando conteúdo para que as pessoas se relacionem com a marca em vários momentos das suas vidas".

Planejamento. Destaco esse ponto aqui. Não puxando a sardinha para o meu lado, mas é fundamental ter o planejamento e executá-lo. A conexão emocional da marca com as pessoas passa por entender como o relacionamento se faz a longo prazo. Vejo, infelizmente, diversos planejamentos sendo colocados de lado, depois de aprovados pelo cliente, porque a criação ou as redes sociais tiveram outras ideias sem conexão com o planejamento. Isso é ruim, pois não se constrói a história. E se você acha que planejamento é algo muito romântico, saiba que a resposta é sim, mas é esse romantismo que cria a conexão, e não a ideia criativa do post.

E outro ponto, planejamento trabalha, cada vez mais, com dados! E não falo de dados apenas do Google e do Facebook Analytics. Dados! O processo de construção de marcas fortes passa por dados!

Marcelo Reis, co-CEO e CCO da Leo Burnett Tailor Made

"Cliente, agência e consumidor. Marcas precisam navegar respeitando o que sentem e respira a sociedade. Valores fortes e propósitos claros. Marcas precisam ser verdadeiras e únicas. Alma da marca conectada com pessoas".

Consumidor. Essa é a palavra que destaco desse depoimento. Quanto mais as marcas entenderem comportamentos, maiores serão os vínculos que elas vão criar com as pessoas. O vínculo não se cria do dia para a noite; você não casou com uma pessoa que conheceu no mesmo dia. Houve uma história para chegar ao casamento; ambos foram se conhecendo aos poucos, errando, acertando, falando o que entendeu ou não, interpretando diálogos, até que a comunicação ficasse excelente, e mesmo assim, ainda tem ruídos. Com marcas e pessoas é a mesma coisa. Ouça mais, fale menos! O processo de construção de marcas fortes é ação. Execução. Testar, cair, errar, levantar e acertar.

Eduardo Lorenzi, CEO da Publicis

"Consciência e verdade. Comunicação que representam valores, essa traduz a essência da marca. Isso faz uma experiência de consumo mais verdadeira e fica na mente do consumidor".

Verdade. É o que destaco aqui. Em um passado não muito remoto, as marcas podiam enganar o consumidor, hoje não. O Google trouxe o poder de verificar se o produto é de qualidade e se a origem é a dita. As redes sociais trouxeram o poder de troca de mensagens em uma velocidade impossível de parar entre as pessoas.

Marcas erram, como todos, mas as que rapidamente se desculpam ganham a simpatia do consumidor, o que as fortalece em sua mente. Ninguém é bom em tudo, então as marcas precisam mostrar no que são boas e apostar nisso. Se a concorrência é boa em outro ponto, sem problemas, deixa ela navegar naquele rio. Navegue onde você é forte. O processo de construção de marcas fortes constrói essa fortaleza.

Hugo Rodrigues, chairman e CEO da WMcCann

"Mais do que produtos, as marcas precisam vender soluções. Marcas precisam ser relevantes, para ser lembrada precisa do elo com o consumidor, ouvir e despertar a emoção, dar o que ele busca através de produtos, experiências ou serviços. O DNA da marca precisa ser respeitado. Marcas e pessoas precisam se relacionar no campo das suas verdades".

Soluções. As pessoas não buscam produtos, mas soluções para seus problemas. Não se toma Coca-Cola, se mata sede com um refrigerante. Entretanto, a Coca-Cola tem a marca mais forte na mente das pessoas, logo, em muitos casos, as marcas mais fortes vendem mais ou, pelo menos, são as mais desejadas. Verdade da marca passa pelo seu propósito, que hoje entra no dia a dia dos CEOs.

Na metodologia 5Ps da FM CONSULTORIA, um dos Ps é o propósito, entre outras razões, por isso.

Rafael Urenha, CCO da DPZ&T

"Precisa ser uma campanha criativa que todos se lembrem, que encante as pessoas. Você encanta com raciocínio, beleza ou sensação".

Encantar. Essa é a palavra de destaque. Consegue encantar com mentira? Se for um filme de Hollywood, provavelmente, mas as pessoas sabem que é uma fantasia. Robôs de cinco metros de altura não destroem cidades como o time do Optimus Prime faz. Mas se for uma marca, mentir está fora de cogitação. É preciso ter propósito, valor e missão bem claros e definidos para criar esse encantamento e, mais do que isso, para o encantamento prevalecer.

Aldo Pini, CSO da África

"Relevância para seu público é o fundamental para uma marca ser lembrada. Precisa ir além das funcionalidades e atributos racionais. Marcas precisam fazer parte do cotidiano, criar vinculo ou fazer parte da cultura".

Relevância. É o que destaco. Marcas pouco relevantes não são lembradas, nem na hora do prêmio Top of Mind e muito menos no que realmente importa: no ponto de venda. Simples assim, se a sua marca fala mais do mesmo, ela vai ser relevante por segundos, mas se ela fala coisas diferentes e age de forma diferente, ela será lembrada por muito tempo.

A Netflix concorre, atualmente, com o Amazon Prime no Brasil. Ambas atuam no mercado de commodities de filmes e séries. Acredito que 80% dos conteúdos estão nas duas plataformas.

No último feriado, quantas pessoas das suas redes sociais disseram assistir a uma série — ou pediram indicação de filmes/séries — na Netflix X no Amazon Prime? A Amazon é uma marca muito mais valiosa e maior que a Netflix, mas, nesse campo, a Netflix é mais relevante. Tanto que quando a Apple lançou sua plataforma de streaming, foi chamada de "Netflix da Apple".

Se você não entendeu a importância disso, digamos que a Coca-Cola criasse um refrigerante com limão e o mercado dissesse ser a "Pepsi Twist da Coca-Cola".

O processo de construção de marcas fortes

O propósito está em alta, leva a marca ao topo, e isso gera mais vendas e dinheiro. Branding é do que as marcas mais precisam. No meu recente livro, *Planejamento de Marcas no Ambiente Digital* (DVS Editora), eu falo dos 5Ps do Branding, que se baseiam em uma metodologia que avalia 60 pilares de marca para formar os 5Ps: Propósito, Promessa, Percepção, Posicionamento, Pessoas. Assim, mostro como fortalecer uma relação e dar um importante passo para transformar a marca em uma Top of Mind.

Esse livro que você tem em mãos não tem essa "pegada", mas pelo que leu aqui, essa metodologia ajudará as marcas no processo. Afinal, se levantarmos os conceitos que separei anteriormente — propósito, planejamento, consumidor, verdade, soluções, encantar e relevância —, um resumo do que cada profissional disse, vemos que, no final das contas, eles têm tudo a ver com branding, têm tudo a ver com o que as marcas oferecem ao consumidor, e não com campanhas.

Criatividade é sempre bem-vinda e é o que se espera de uma agência. O Brasil, em Cannes, sempre foi reconhecido como um dos países mais criativos do mundo na propaganda. Tivemos grandes nomes por aqui, sem dúvida, mas uma marca não se faz apenas com criatividade, mas, sim, com uma grande gestão da marca como um todo, em que a criatividade é um importante pilar. Mas não único. O processo de construção de marcas fortes é importante para que a sua marca seja destaque sem muito esforço.

Não fique triste

Mas marcas precisam mais de valores, propósito, promessas e conexão do que de posts bonitos no Instagram. Essa matéria, acima, é de um estudo da *Folha de S. Paulo*.

Em tempo, a marca acima é o Nubank, mas você nem precisou de muito tempo para reconhecer a marca, não é mesmo? Simples, porque o processo de construção de marcas fortes é usado no Nubank desde o primeiro dia. Não à toa, ele já tem mais correntistas que Bradesco, Itaú e Santander. Já pensou?

UM POUCO DE BRANDING

Gestão de marcas. É assim que podemos definir o que é branding. Todos os pontos de contato que uma empresa tem com seus públicos e consumidores faz parte da estratégia de gestão de marcas, um dos mais importantes itens que uma empresa possui, ao lado da sua base de clientes. O branding é uma ação constante que começa no primeiro dia da empresa e acaba no seu último dia.

Não importa se você já fez o seu projeto de marca; se ele ficar na linda apresentação feita para a alta diretoria, ele não vai dar em nada. Projetos só dão resultado se forem executados; no papel, tudo é lindo.

"Gestão de marcas é gerenciar a imagem, criar campanhas publicitárias, administrar uma estratégia de distribuição, desenvolver promoções de venda, apoiar a equipe de vendas, acertar a embalagem e outras tarefas do tipo. Uma visão estratégica ligada à estratégia de negócios atuais e futuras e que oferece diretrizes para ofertas e programas de marketing futuros se torna elemento obrigatório", aponta David Aaker, no livro *OnBranding*.

Um mito que precisa ser quebrado desde já é o fato de que as pessoas acham que branding é para grandes empresas. Não é! Aliás, está longe de essa afirmação ser verdadeira. Branding é a gestão da marca nos pontos de contato, lembra?

O seu site, por exemplo, é fundamental para o seu branding. Uma das coisas que eu mais vejo quando tenho que fazer análise de concorrência ou diagnóstico de marcas é que muitos sites nem de longe representam o que a marca é.

Certa vez, entrou na FM CONSULTORIA um projeto para uma marca de roupas do interior de São Paulo. Infelizmente não fechamos o projeto, mas me lembro de mostrar esse fato ao filho dos donos, que era o responsável pelo marketing da loja, que contava com algumas lojas no interior, sendo muito famosa na região. Era nítida a diferença, não foram necessários muitos estudos, apenas olhar as fotos das lojas físicas no Instagram — todas muito bem feitas, mostrando a elegância da loja; já o site parecia ter sido feito no Paintbrush em 2001.

Marcas que apostam apenas no Instagram e esquecem o resto estão cometendo um erro gigantesco em sua presença digital, ainda mais quando se trata de construção e fortalecimento de marca no ambiente online. O site é um ponto fundamental para um branding bem feito. Não duvide disso jamais!

BRAND CANVAS

Segundo o autor e consultor de marketing Marcos Bedendo, *"o branding ficou mais estratégico, com preocupações mais visuais, com argumentos publicitários; se preocupa com as definições de identidade de marca, que orienta decisões como seleção e treinamento de colaboradores, relacionamento com parceiros e fornecedores, parcerias com o trade e intermediários, desenvolvendo produtos ou serviços e atendimento direto ao consumidor. Branding é a possibilidade de conexão ideológica com consumidores; branding faz com que a empresa se torne mais orientada ao consumidor e constrói vantagens competitivas sustentáveis. Uma marca é uma incrível possibilidade de aumentar o valor das empresas".*

Branding, como você pode ver acima, e verá ainda mais ao longo deste livro, é como as marcas precisam se posicionar na mente das pessoas. Posicionamento de marca, uma das coisas que eu mais gosto de fazer dentro do universo do branding, é importante para essa construção. O Brand Canvas, que você vai ver aqui em detalhes, é um mapa para fazer essa construção; é uma forma de você entender como se conectar com a vida do consumidor. Pessoas não compram produtos, mas, sim, solução para seus problemas, e cada vez mais as pessoas estão comprando produtos de marcas que se conectem a elas, por meio de seus valores e propósitos.

Segundo Alexandre Bouza, *"marcas não pode se desconectar da vida do consumidor, marcas mais conectadas com pessoas tem mais chances de fidelidade".* Isso vai ao encontro de tudo o que estamos aqui falando, por isso puxei essa frase, de um evento online a que assisti com o executivo. Conexão emocional é o ponto principal para o elo entre marcas e pessoas, e quando esse elo é forte, a fidelidade se algo muito forte; com isso, as pessoas se tornam não apenas consumidores, mas advogados da marca. Quando isso ocorre, seu trabalho de branding está quase perfeito.

"Importante que as marcas tenham pilares fortes que direcionem a comunicação. Não precisam ser muitos, na Procter & Gamble, por exemplo existem apenas três", segundo Isabella Zakzur, diretora de marketing da marca, muitas vezes, menos é mais, e no marketing isso é essencial. Imagina que as pessoas tenham que saber muito da sua marca, propósito, promessa, proposta de valor, produto, preço, praça, é muito "P" para lembrar, e ainda saber os pilares... é muita coisa para detectar e muita coisa para o gestor de marca ou marketing gerir. Menos é mais — mas esse menos precisa ser muito forte!

O branding está se tornando um ponto fundamental de diferenciação. Produtos são iguais, marcas não. É fundamental que vocês entendam um conceito, que vou explicar a seguir:

Produtos são commodities, marcas são únicas

UM POUCO DE BRANDING

Há muito tempo eu falo sobre isso. Um dos grandes aprendizados que tive é que produto é tudo igual. Vamos ver? Darei o maior dos exemplos. Supondo que você tenha um iPhone. Acha que ele é melhor que o Samsung? Se a sua resposta é sim, está errado.

Samsung é superior ao iPhone, mas a maçã mais poderosa do mundo muda a sua percepção. Sabe por que? Porque produtos são commodities. Marcas são únicas! Certa vez me perguntaram: a Samsung consegue ser a Apple?

A resposta foi: nem a Apple consegue ser a Samsung. E estamos falando de duas das mais poderosas marcas do mundo. Produtos são commodities. Marcas são únicas. Simples assim! Mesmo que disputem o mesmo mercado, as mesmas pessoas e sejam concorrentes diretas como Coca-Cola e Pepsi, por exemplo, as marcas serão sempre únicas! Marcas, para serem únicas, precisam de planejamento. Isso é fato. Não se constrói nada sem planejamento. Como está o seu?

Mas a concorrência faz...

Empresas que esperam o que a concorrência faz estão fadadas ao fracasso. Não se espera o que o outro faz para agir. Como ser relevante copiando? Se a sua empresa vai esperar a tendência se concretizar ou a tecnologia evoluir, terá sempre um índice zero de relevância. Marcas icônicas ditam a moda, moldam o mercado e criam tendências. Produtos são commodities. Marcas são únicas, pense nisso.

Você precisa mesmo de um iPad? Repense... Inove sempre!

- Marcas têm o DNA do seu fundador
- A Apple é o sonho de Steve Jobs.
- As Casas Bahia são o sonho de Samuel Klein.
- A Harley é seu sonho junto com Davidson, ambos então criaram a Harley-Davidson

Poderia ter uma infinidade de exemplos.

Porque é assim!

Existem várias consultorias no Brasil, mas a FM CONSULTORIA é única. E por quê? Porque ela é do jeito que o Felipe quer. Não do jeito que Pedro ou Maria quer. Isso a faz ser única. A sua empresa é assim? Produtos são commodities. Marcas são únicas. Na moda conseguimos enxergar isso com muito mais clareza. As marcas são os diferenciais das empresas, não os produtos. Se você é empresário, pense assim, que a empresa precisa ter a sua cara, o seu jeito e o que você acredita. Se é colaborador, está

BRAND CANVAS

construindo o sonho de um empresário, e não há nada de errado com isso: nem todos têm veia empreendedora. Eu mesmo, com cinco anos de empresa, não tenho 100% de segurança de que tenho essa veia.

Produtos são commodities. Marcas são únicas

Eu posso entregar o mesmo projeto que meus concorrentes, porque o produto é commodity: plano de marketing digital. Mas a forma como eu faço é única, pois se copia produto, mas não pensamento! Dizem que o que aprendemos nunca nos é tirado. Verdade!

Por isso, a forma com a qual eu faço é diferente. Nem certa, nem errada. Diferente de outros consultores. E por isso tem mercado, sempre, para todo mundo. O jeito do Felipe agrada ao Luciano. O jeito do Walter agrada à Paula. E por aí vai.

Este é um pequeno exemplo, mas que repercute em todo o mercado. O jeito da Mercedes de fazer carro faz o Felipe ser apaixonado pela marca. Já o Mauro prefere a BMW. O Leonardo prefere o Audi. E estou falando de pessoas da mesma família.

A Montblanc é a principal marca de canetas de luxo do mundo, mas há muito espaço para a Cartier. A Hugo Boss entrou nesse mercado, para concorrer com a Vivara. São canetas na faixa de 500 reais, mais baratas que a Montblanc, mas são apenas canetas. Posicionamento de marca é fundamental para esse sucesso!

Pensamento do Grupo Ornatus

Morana, Baloné e Little Tokyo são as empresas que compõem o grupo, comandado pelo seu fundador, Jae Ho Lee. Em uma conversa com Jae, meu ex-chefe e amigo dele questionou: *"Você dá palestra e conta seu segredo?"*.

Jae respondeu que sim, e meu ex-chefe, Ricardo Kim, indignado, lhe perguntou por quê. Jae respondeu: *"O segredo não é o que eu faço, mas como eu faço"*.

E Jae tem razão. Seus produtos são bijuteria e semijoias, e milhares de empresas também vendem os mesmos produtos, a preços maiores e menores. Mas por que Morana e Baloné são sucesso?

- Será que o segredo são as lojas no shopping?
- Muitas concorrentes têm!
- Uso de celebridade?
- Muitas concorrentes usam!

UM POUCO DE BRANDING

- Preço?
- Muitas concorrentes têm menores!
- Qualidade?
- Muitas concorrentes têm!
- Por causa do e-commerce?
- Qual não tem?

Viram o que quero dizer? Todas as marcas do segmento da Morana, por exemplo, a mais famosa das marcas do Grupo Ornatus, têm bons produtos, pontos de venda, apelos. Os mesmos das demais! Mas qual o segredo? Marca! Ela é única, não o produto! O que reforça: produtos são commodities. Marcas são únicas.

Um livro na Amazon é igual

Se comprar na Livraria Cultura ou no Extra, pode ser mais barato, e a Magalu pode entregar mais rápido. Mas por que você comprou seu último livro na Amazon? Marca!

- Dá status comprar na Amazon.
- Dá status tomar café no Starbucks.
- Dá status comprar no JK Iguatemi.

Mas os produtos são os mesmos! Você pode comprar uma caneta Montblanc no shopping Morumbi. Mas no JK Iguatemi tem outro status. JK Iguatemi e Cidade Jardim são marcas únicas. Ambos são shoppings que vendem a mesma coisa, têm as mesmas lojas e competem pelo mesmo público, com marcas muito fortes nos segmentos que se prestam a atender, do mercado de luxo em São Paulo. O mercado de luxo do Rio de Janeiro tem seus shoppings, e o mercado mais popular, outros. Eles se posicionam nesse segmento e com maestria.

A tecnologia é a culpada

Passamos por esse momento e ele não vai mudar. Praticamente tudo o que temos vem da China, é fabricado no mesmo local, e, com isso, a tecnologia está cada dia mais fácil de ser copiada. Não tem segredo. Produtos são commodities. Marcas são únicas.

Netflix nasceu. Amazon, HBO, Disney e até a Globo criaram seus serviços de streaming, e esses serviços agora ameaçam salas de cinema. Cinemark, que concorria com Kinoplex e Cinépolis, vai começar a brigar com Netflix e Amazon. Isso porque existe uma forte tendência de os filmes de Hollywood darem início à sua reprodução nos serviços de streaming. Produtos são commodities. Marcas são únicas. A Netflix domina o coração das pessoas oferecendo o mesmo conteúdo da concorrência.

Passar filme em uma grande tela é algo que ocorre há décadas, mas é uma experiência que muda. No começo, as pessoas iam ao cinema vestindo-se como se estivessem indo a um casamento. Hoje, vamos de chinelo, bermuda e camiseta. A experiência é o que vai sustentar as salas de cinema.

Comunicação será a arma mais poderosa

Se feita de forma consistente, é claro, pois comunicação não é um tiro aleatório. Não é um post com influenciador. Não é apenas falar sobre produto nas redes, mas sim fortalecer e posicionar marca, afinal, quanto mais marcas são posicionadas, mais engajam. Nunca se esqueça disto no momento em que a sua comunicação estiver sendo pensada: produtos são commodities. Marcas são únicas.

Como vimos anteriormente, os produtos estão cada vez mais parecidos uns com os outros. Eu sempre fico com os dois pés atrás quando uma empresa chega para mim e diz: "Eu não tenho concorrente, meu produto é único...". Sério mesmo? Você acha que nenhuma empresa no mundo copiou o seu produto?

Outro ponto que precisa ser observado é o fato de as pessoas entenderem isso. Não basta o CEO estar à sala de reunião contando as vantagens do produto para as pessoas que estão presentes; todas trabalham na empresa e conhecem o produto. A má notícia é que nem sempre elas são público, compram ou podem comprar o produto; logo, se as pessoas não souberem o que a empresa é, ela simplesmente morre.

Segundo Mark Batey, em seu livro *O Significado da Marca*: *"embora as empresas criem identidade de marca, o significado da marca é criado pelas pessoas. É impossível entender o significado de uma marca sem entender a motivação do consumidor, sem entender a motivação humana"*. Logo, se a sua marca não entender as pessoas e por que elas compram, de nada adianta nenhuma campanha que você faça, nem mesmo ir na mesma onda de todo mundo.

Quando uma empresa já começa pensando de forma diferente, já nasce digital e entende a importância de criar uma marca forte e bem posicionada, ela consegue ter um grande domínio sobre suas ações. Trago um exemplo para que você entenda mais sobre a importância do branding para marcas. Harley-Davidson nunca vendeu moto, mas sim um estilo de vida no qual a moto é apenas o tangível.

Alice M. Tybout e Tim Calkins, em seu livro *Branding*, apontam o caso de uma das mais icônicas marcas do mundo — além de icônica, ela é altamente desejada: "*Harley-Davidson é uma marca que transcende produto, que mostra o poder das marcas para criar a lealdade do Consumidor isolar as empresas de seus concorrentes. Ao construírem marcas fortes, as companhias constroem empresas fortes. Uma marca é um conjunto de associações vinculadas a um nome, sinal ou símbolo, relacionadas a um produto ou serviço. A diferença entre um nome de uma marca é que o nome não tem associações, é simplesmente um nome. Um nome torna-se uma marca quando as pessoas o vinculam a outras coisas. Uma marca é bem parecida com a reputação*".

A performance anda lado a lado com o marketing digital, o que, na minha visão, é um grande erro, uma vez que o digital vai além da performance. Grande erro, claro, é pensar que digital é só performance!

Trago um artigo que escrevi no meu site (www.felipemorais.com) baseado em uma matéria do final de 2020, quando o Airbnb surpreendeu o mundo com a notícia de que a marca ia apostar mais em branding do que em performance no universo digital, indo totalmente para o lado oposto do que o mundo faz. Ousado, poderia dar muito errado, mas e se desse muito certo?

Por que o Airbnb vai investir mais em branding?

O Airbnb surpreendeu o mundo com uma notícia dizendo que estaria trabalhando o digital muito mais para branding do que para performance, indo no caminho totalmente inverso do que o mundo inteiro segue. Vale lembrar que o Airbnb é uma empresa nativa digital, ou seja, ela nasceu como uma empresa online que tem uma experiência offline, afinal, as pessoas alugam o apartamento pela plataforma digital, mas curtem o período de estadia no mundo real.

Segundo o próprio site do Airbnb no Brasil (www.airbnb.com.br), a marca "*começou em 2008, quando dois designers que tinham um espaço sobrando hospedaram três viajantes que procuravam um lugar para ficar. Agora, milhões de anfitriões e viajantes optam por criar uma conta gratuita no Airbnb para que possam anunciar seu espaço e reservar acomodações únicas, em qualquer lugar do mundo. Além disso, os anfitriões de experiências do Airbnb compartilham suas paixões e interesses com viajantes e moradores locais*". E dessa forma, pouco mais de dez anos depois, a Airbnb já vale mais do que muitas cadeias gigantes de hotéis.

A pandemia, sem dúvidas, mudou os rumos do marketing como um todo. As empresas precisaram se reinventar, literalmente, do dia para a noite. As pessoas mudaram sua forma de consumo em todas as áreas, o digital ganhou uma força enorme no dia a dia das pessoas, e, não à toa, as empresas que nasceram no online cresceram nesse triste período da humanidade.

Durante o período da pandemia, os podcasts ganharam muita força no universo do marketing. UOL e Meio e Mensagem, principalmente, trouxeram muito conteúdo de qualidade, com muita gente do mais alto escalão do marketing, diretores, CMOs e vice-presidentes, em que eles mostram não apenas com ações, mas com pensamentos, que estão conduzindo os rumos das suas empresas nesse ritmo.

Em maio de 2020, o gigante Airbnb, por meio de Brian Chesky, cofundador e CEO da marca, apontou que, para os próximos anos, a marca vai ter um novo direcionamento, e essa decisão está muito pautada na força da marca que ele ajudou a construir ao longo de anos. Na matéria, Brian afirmou que o Airbnb vai reduzir o investimento em performance para focar o branding.

Esse pensamento vai ajudar muito os profissionais de marketing em todo o mundo. Como profissional de planejamento, eu vejo isso com bons olhos. Em minhas palestras, aulas e no dia a dia dos meus clientes, sempre afirmo que o marketing digital vai muito, mas muito, além de mídia de performance, entretanto a miopia do marketing digital não deixa que a maioria dos gestores de marca enxergue isso.

O papel das agências — que só pensam em mídia por ser sua maior fonte de receita — seria educar, mas elas fazem o contrário: elas "deseducam" o mercado, com projetos de comunicação nos quais a mídia é o carro-chefe. Totalmente errado. Mídia é importante, mas sem uma estratégia forte, que vem do marketing e passa pela comunicação, a mídia será apenas uma plataforma que não passará de espaços comprados, sem uma história a ser contada.

Mas só o Airbnb?

Segundo a WARC, a marca não está sozinha nessa. Pesquisas globais mostram que 40% das empresas afirmavam que aumentariam o investimento em branding, em detrimento de performance, em 2021, para os próximos anos. A WARC é um serviço de assinatura digital global que oferece as melhores práticas de publicidade, evidências e insights das principais marcas do mundo — referência para qualquer publicitário.

O estudo da WARC prevê algo interessante: as marcas aderindo ao branding como estratégia para criar vantagem competitiva em relação às concorrentes. Já aquelas empresas mais resistentes e apoiadas prioritariamente em performance, no futuro, ficarão cada vez mais dependentes de preço, promoção e mídia, ou seja, se a sua agência só quer saber de mídia, #FicaDica: mude de agência.

A pergunta que não quer calar

Do que adianta um bom plano de mídia sem uma boa história para contar? Nada! No máximo, terá um Google Analytics bonito, com altos crescimentos, mas sem mexer no ponteiro das vendas. Eu aprendi, ao longo desses 20 anos de carreira em marketing, que, mais do que agradar o CMO, é preciso agradar o CFO!

Mais do que fazer barulho com a marca, usando influenciadores ou posts patrocinados nas redes sociais e deixar o marketing feliz, é preciso deixar o financeiro satisfeito. Afinal, ele é um dos principais gestores e é ele quem cuida da saúde financeira da empresa, que, se não vende, está sempre "doente".

Mas para vender precisa de mídia

Concordo 100% com isso, mas pergunto: só mídia? Vamos lá:

- Quais são os atributos da(s) marca(s) com a qual você trabalha?
- Qual é o público?
- Qual história a marca conta?
- Qual é o propósito?
- Qual é tom de voz?
- Qual é a brand persona?
- Qual é o produto que mais vende?
- Quais são os apelos de comunicação mais relativos?
- O que faz o seu consumidor se conectar com a marca?
- Qual é a promessa da marca?
- Qual é o posicionamento de marca?
- Qual percepção sua marca precisa ter?
- Qual é a mensagem a ser passada?
- Qual experiência precisa ser passada?
- Em qual storytelling a marca está inserida?

Essas perguntas estão respondidas de forma profissional ou são apenas alguns chutes que alguém deu e você acreditou? Sinto informar, mas sem que tudo isso esteja bem alinhado, você poderá fazer uma boa compra de mídia, mas uma boa história não será contada — e aí é preciso ter um bom leque de desculpas para a reunião de relatório com os clientes.

Airbnb fortalece o branding

Tudo o que tratei anteriormente foi para chegar a este ponto. Em uma entrevista recente, Brian Chesky afirmou que está mudando seus gastos de performance para branding. Por causa da Covid-19, a marca reduziu seus gastos em performance em mais da metade e, mesmo assim, conseguiu gerar 95% do mesmo tráfego online do ano anterior.

Veja bem, a marca não vai abandonar a performance, vai apenas se adaptar ao que o marketing moderno está sendo direcionado: marca! Você pode dizer que o Airbnb pode fazer isso por ser uma marca conhecida mundialmente, e é verdade, mas ela começou pequena e se tornou grande pois o foco na marca sempre foi um dos pilares. Ao contrário de muitas empresas que focam produto ou mídia, o Airbnb sempre buscou fortalecer os pilares da sua marca na comunicação e, hoje, colhe os resultados.

Segundo o CEO, a força da marca permite ao Airbnb investir em relações públicas e conteúdo como estratégias principais, uma vez que o marketing de performance enfrenta muitos riscos em torno da proteção de dados e está cada vez mais sujeito à regulamentação em vários países ao redor do mundo. Em outras palavras, nem só de mídia se faz uma marca de sucesso, nem do dia para a noite.

Qual é a conclusão disso?

Simples: as empresas interessadas em manter suas margens no futuro devem começar a repensar sua dependência do marketing de performance e considerar o investimento na marca como uma alternativa mais segura. Depender apenas de mídia é inflar a verba de uma forma que fará com que seja complicado demais reverter. Quanto mais mídia, menor poderá ser o ROI, já que o estudo do AirBnb demonstra a dependência de promoções para se manter no mercado.

O processo de branding é lento, necessita de muito esforço e que diariamente se esteja atento aos pontos de contato da marca com as pessoas. É preciso estar de olho no que avaliamos como 5Ps: propósito, pessoas, posicionamento, percepção e promessa, bem como saber se tudo isso está inserido no dia a dia da marca. Do contrário, será apenas um projeto que o CMO vai amar, mas, no dia seguinte, esquecer e voltar para o "chama o influenciador" ou "investe mais no Google" e, é claro, "o que vamos fazer nos Stories do Insta?". Pense na marca primeiro e na plataforma depois.

Para Jaime Troiano, um dos maiores nomes do branding no Brasil, talvez o maior, *"o branding é transformar em comportamentos concretos a crença, o apego e o envolvimento sentimental"* — frase do seu excelente livro *Brand Intelligence*.

Marcas envelhecem e morrem

Marcas envelhecem e morrem. Esse é um fato que não pode ser negado. Como qualquer gestor de marca sabe, marcas são seres com vida, ou seja, nascem, crescem e morrem. Se não forem nutridas, com certeza, morrem mais rápido, e, no caso da nutrição da marca, não são apenas vendas que a fazem maior ou mais forte; ela precisa ser fortalecida.

Pare e faça uma reflexão: todas as marcas com as quais você teve contato desde a infância ainda existem? Com certeza, não. Pode ser que a marca-mãe, como a Nestlé, exista, mas algum produto de cuja marca você gostava pode não estar mais no mercado.

"Marcas não são tapumes, marca é o que falam da empresa da porta para fora, marca não é o que diz ser, mas o que as pessoas percebem o que ela é". Só essa soma de conceitos aprendidos com o grande Jaime Troiano já vale o artigo, mas, aqui, eu vou me aprofundar um pouco mais nisso.

Mentira tem perna curta

Se esta já era uma realidade antes da internet, agora, então, basta uma hora. Recentemente tivemos um importante politico brasileiro indo à mídia, às 8h da manhã, falar sobre uma vacina, dizendo ser brasileira, se colocando como o salvador da pátria. Em menos de duas horas, uma universidade dos EUA desmentiu o importante político midiático, informando ser dela a vacina e provando. Na internet, não tem como mentir, a máscara cai bem rápido, e pior: "o print é eterno".

Marcas que desejam crescer precisam ser genuínas, e isso está muito ligado ao papel do líder da empresa. Na FM CONSULTORIA, temos uma metodologia de branding chamada 5Ps de Branding que tem sido um sucesso para entender essa essência da marca. Vamos a fundo conversando com as pessoas para saber delas o que a marca é. Pessoas falam com pessoas, pessoas não querem se relacionar com um logotipo, mas sim com quem as entende. Marcas são organismos vivos.

Compreende a linha de raciocino? Uma coisa está ligada a outra, por isso, o que as marcas têm de mais importante são as pessoas, e nessa Simon Sinek foi cirúrgico ao dizer que, se não entendermos de pessoas, não entenderemos de negócios. Marcas envelhecem e morrem por não se ater ao fato de que o mercado muda, o mundo muda, as pessoas mudam, mas os gestores ainda se mantêm com o mesmo pensamento "cheguei até aqui assim, não vou mudar".

Já pensou se a Mercedes-Benz pensasse assim e mantivesse o mesmo design da década de 1970? Ou alguém acha que, naquela década, a marca alemã de carros de luxo não era um sucesso mundial? Qual experiência as marcas precisam passar? Isso faz parte da cultura que ela quer implementar.

Qual a sua cultura?

Estamos falando de cultura de empresa. O que a empresa é e o que ela prega? Cultura de empresa não é quadro bonito na parede — isso pode parecer algo batido, mas é uma realidade. Experimente trocar o quadro da parede da sua empresa, no qual estão a missão, os valores e a filosofia, por um texto de um filme da Disney e veja quanto tempo seus colaboradores vão demorar a perceber...

Quando foi a última vez em que o RH promoveu alguma ação interna para fortalecer esses pilares? Quantos colaboradores sabem explicar, sem ler (nem digo decorar, mas sim incorporar), cada um deles?

A diferença é essa. Por isso, a cultura da empresa precisa ser martelada diariamente na mente dos colaboradores. Não precisa ser como na escola, nas décadas de 1960 e 1970, em que os alunos deveriam cantar o hino nacional todos os dias, mas a cultura da empresa precisa estar presente em tudo, desde o cafezinho até as ações. Não é apenas com frases, mas atitudes; a melhor forma de passar um exemplo é fazendo, mais do que falando.

Exemplos são essenciais

Recentemente eu estava conversando com a minha prima. Ela estava brava porque seu filho, de 12 anos, queria andar de bicicleta na rua, indo da sua casa à casa do pai, que fica a aproximadamente 2 km de distância. Enquanto ela falava sobre o assunto à mesa, meu primo, irmão dela, lembrava que, com quase a mesma idade, eles tinham uma mobilete e andavam pelas ruas de São Paulo, sem nenhuma proteção, sendo ainda mais perigoso do que a ida de bicicleta do seu filho de uma casa à outra.

UM POUCO DE BRANDING

Essa história faz todo o sentido para mostrar que o exemplo vem de cima. Não adianta um CEO ir a um evento pregar respeito e diversidade na sua empresa e no dia seguinte gritar com a estagiária negra em sua sala. Exemplo de cultura vem de cima. Se a diversidade é parte é da cultura da empresa, que lá esteja, não de forma imposta, mas de forma natural. Afinal, como meu avô sempre me ensinou: "caráter não tem sexo, idade, religião ou cor". E isso é uma grande verdade.

Agora que você entendeu perfeitamente o que é branding, vamos à parte mais prática e central deste livro, em que você usa o Brand Canvas para mapear os rumos da sua marca, dentre todas as pesquisas que você pode levantar, usando ou não a metodologia 5Ps de Branding.

Lembre-se de que, para criar uma marca, é preciso muita pesquisa. E não se faz pesquisa apenas uma vez; se faz pesquisa de forma periódica, seja usando os canais digitais, como site, redes sociais e e-mail da empresa, seja nos pontos de venda ou mesmo convidando alguns clientes fiéis para um café da manhã para um bate-papo, no qual muitos insights vão surgir. Não fique com medo de mudar os rumos da marca. Em um mundo que está em constante mudança, ficar parado é uma péssima estratégia.

Ana Couto é uma das mais renomadas especialistas em branding do país. Segundo ela, o branding *"aumenta o valor da marca, otimiza investimentos e cria proposta diferenciada da concorrência"*, proposta essa que veremos mais à frente, chamada proposta de valor, item que está presente no mapa do Brand Canvas. Ainda segundo a especialista, uma marca tem quatro critérios para ser um sucesso, ou seja, ela precisa ser:

- diferente;
- relevante;
- proprietária;
- consistente.

Ou seja, marcas iguais às outras não prosperam. É por isso que, quando seu chefe ou cliente disser "olha, a marca X (nossa concorrente) faz assim, precisamos fazer igual", você já pode cortar a conversa, afinal, como ser diferente sendo igual? Marcas têm relevância, ou seja, ficar postando promoção e conteúdos de festas e prêmios da empresa é relevante para quem trabalha, e não para quem compra. Marcas fortes dominam territórios. Carro de luxo tem vários, mas, com tradição, apenas a Mercedes-Benz — não que Jaguar, Audi ou BMW não tenha, mas elas que dominem outro território, pois esse já tem a bandeira da estrela de três pontas. Por fim, marca de sucesso não aparece de vez em quando, com uma campanha usando aquele(a) influenciador(a) da moda; a conquista é diária e precisa ser exercida dessa forma.

BRAND CANVAS

Para Ana Couto, as marcas são como pessoas, e elas:

- Têm personalidade.
- Têm crenças.
- Têm discurso próprio.
- São únicas.
- São originais.
- São especiais.
- São atraentes.

Pense nas pessoas famosas de que você gosta e veja se elas se encaixam aqui. Vou falar dos meus ídolos, para você entender o exercício. Eu sou muito fã de caras como Freddie Mercury, Michael Jordan, Renato Russo, Muricy Ramalho, Telê Santana, Raí, Zetti, por exemplo. Tenho muitas mulheres como referências no mercado, mas nas áreas de música e futebol acabam sendo apenas homens mesmo — me desculpem as mulheres, mas respeito histórias como as da Hortência, Magic Paula, Formiga, Cristiane e Marta, por exemplo. Natalie Merchant, ex-vocalista da banda 10.000 Maniacs, Dolores O'Riordan, ex-vocalista da banda The Cranberries, que faleceu em 2018, por exemplo, são excelentes cantoras, além da Tina Turner e Madonna, é claro!

Bem, voltemos aos meus ídolos. Freddie Mercury, por exemplo, ex-vocalista da, para mim, maior banda de todos os tempos, Queen. Homossexual assumido, dono de uma personalidade fortíssima, que conseguiu, junto aos outros integrantes, colocar o Queen como uma das maiores bandas da história do rock. Acreditava em um mundo melhor pela música, era único, ninguém no palco fez o que ele fazia, era original e especial. Jordan, o maior jogador de basquete da história, o "Pelé do basquete", ia pela mesma linha. Renato Russo mudou o cenário do rock no Brasil, era inteligente a ponto de suas músicas da década de 1980 fazerem sentido hoje! Telê, bem, sobre este eu escrevi um livro (*Ao Mestre, com Carinho, o São Paulo FC da Era Telê*, Ed. Inova) e posso afirmar: ele tinha uma personalidade única, era um cara muito especial, gostava do futebol de uma outra forma e, por anos, enfrentou a imprensa por acreditar em um futebol que até hoje é reverenciado ao redor do mundo como o verdadeiro futebol. Muricy é outro com personalidade fortíssima!

Veja que seus ídolos sempre terão essas características, e querendo ou não, eles são marcas. Jordan, por exemplo, parou de jogar em 2003. Só em 2020, ele faturou mais de 150 milhões de dólares com a marca Air Jordan, em parceria com a Nike, marca esta que fatura no mundo mais de 3 bilhões de dólares ao ano.

Segundo Marcelo Melchior, *"empresas conectadas ao consumidor estão sempre se adaptando aos novos cenários"*, por isso as marcas precisam estar sempre olhando os novos comportamentos e tendências. Há empresas especializadas nesse segmento que ajudam as marcas a tomar decisões de produtos e comunicação a todo o momento.

O Brand Canvas entra nesse cenário para ajudar na construção das marcas como um todo. Ao longo deste livro, no qual apresento em detalhes essa metodologia criada quando estava desenvolvendo o branding do Apostal e que vou usar em todos os novos projetos a partida aqui, você vai entender mais como esse mapa pode ajudá-lo a construir marcas de sucesso.

CANVAS PARA NEGÓCIOS

O plano de negócios é uma etapa de fundamental importância para empresas que estão abrindo, passando por mudanças ou querem se reestruturar. Basicamente, consiste em reunir todas as informações do negócio. Dessa forma, é possível visualizar a empresa de modo mais claro. O chamado Business Model Canvas é uma das ferramentas mais usadas para montar um plano de negócios que ajude a entender os caminhos da empresa em diversos pontos, e a diferença básica entre esse modelo e o Brand Canvas é que este é focado nas marcas, mas o pensamento é quase o mesmo, por isso me inspirei no Business Model Canvas para criar o Brand Canvas.

Foi pelas mãos do teórico suíço Alexander Osterwalder que o modelo Canvas surgiu, com o objetivo de ajudar as empresas, de maneira simplificada, a conseguir prever como deveriam seguir. Planejamento é previsão, é entender o que poderá ocorrer daqui a algumas semanas, meses ou anos, e traçar um caminho de sucesso para chegar ao objetivo traçado nesse período. O modelo é simples, o que facilita a discussão entre as equipes da empresa. Seus conceitos são simples, relevantes e compreensíveis, de modo que consegue mapear o que a empresa é e aonde ela quer ir.

Quando você vai criar um negócio, é preciso muito estudo para saber os caminhos a seguir. Essa quantidade de estudos gera um grande volume de documentos, seja pesquisa de comportamento, mercado, concorrência, produtos, serviços, comunicação ou de tendências — basicamente, essas são as pesquisas feitas pelas pessoas que desejam montar uma empresa. O Canvas pode ajudar a organizar toda essa informação, assim como o Brand Canvas, que você vai ver em mais detalhes nos próximos capítulos, ajuda a organizar e criar um mapa para a sua marca e com os caminhos a seguir.

BRAND CANVAS

Segundo o site do Sebrae, a definição do Canvas é *"Business Model Canvas, mais conhecido como Canvas, é uma ferramenta de planejamento estratégico, que permite desenvolver e esboçar modelos de negócio novos ou existentes"*, ou seja, é um mapa da empresa. Sua estrutura conta com nove blocos pré-formatados que dão a base para a criação do modelo ou a adaptação de um já existente. Por ser uma ferramenta visual, o Canvas é um facilitador da estratégia que ilustra todas as estruturas organizacionais.

"O Modelo Canvas se torna uma ferramenta muito útil, principalmente para empresas que estão começando e que estão sempre passando por modificações em sua estrutura", aponta Luiza Andrade, no site Siteware.

A estrutura do Canvas é baseada em nove campos, que você deverá preencher com pesquisas; dados e informações da empresa e dos consumidores, proposta de valor e, até mesmo, quais serão as fontes de receita da empresa. A ideia do modelo é ser seguido à risca, para que os objetivos traçados sejam cumpridos no prazo necessário.

- Segmento de clientes: qual perfil do público você quer atingir?
- Proposta de valor: o que a sua marca oferece ao mercado e por quê?
- Canais: onde a marca vai anunciar, vender e se relacionar com os consumidores?
- Relacionamento com clientes: como a marca vai manter uma relação?
- Fontes de receita: de onde virão as vendas?
- Recursos principais:
- Recursos físicos: fábricas, máquinas e veículos.
- Recursos intelectuais: conhecimentos específicos e patentes.
- Recursos humanos: equipes conceituadas e eficientes.
- Recursos financeiros: dinheiro e ações.
- Atividades-chave: o que precisa ser feito para a empresa funcionar?
- Parcerias principais: agências, assessorias, consultorias, tecnologia, logística, entre outros.
- Estrutura de custo: custos fixos versus variáveis. Qual é a criação de valor do produto?

A ideia aqui não é explicar a fundo essa metodologia, afinal, ela é a inspiração para o Brand Canvas, mas tem objetivos diferentes. O Brand Canvas tem como objetivo principal mapear a empresa, mas para fortalecer e posicionar a marca; o Canvas, por sua vez, é mais amplo, buscando auxiliar a empresa como um todo, e nele o branding está inserido como um dos pontos a serem avaliados, mas não o único.

O que desejo que você perceba aqui é que o Canvas é uma excelente metodologia e precisa, sim, ser usada na sua empresa — eu já montei alguns Canvas de empresas nas quais fui chamado para ajudar nesse ponto. Ele é importante, e ouvimos muita gente para chegar às informações, o que se assemelha ao Brand Canvas, mas este tem o foco no posicionamento da marca, e é isso que vamos começar a ver a partir de agora.

Algo em comum entre as duas metodologias é que pesquisas são necessárias e constantes; se no primeiro momento você faz uma pesquisa para construir seu Canvas, no segundo momento, você faz outra pesquisa para ver se o Canvas está seguindo os passos que você traçou quando o montou. Criar um Canvas e depois guardá-lo na gaveta é um enorme erro, mas muitas empresas o cometem. Já vi muito trabalho de planejamento de marketing, marca ou comunicação ficar lindo na apresentação, o C-level da empresa aplaudir de pé, e meses depois as coisas estarem iguais, ou seja, se fez um excelente trabalho, que ficou jogado em alguma pasta do servidor da empresa, para a qual o marketing mal olha.

O QUE É O BRAND CANVAS?

Assim como no capítulo anterior, vou me permitir ser bem breve nesta definição e explico o porquê. A partir deste capítulo, vamos aprofundar item a item do Brand Canvas, que, como disse na apresentação deste livro, foi desenhado no momento em que eu criava, junto com o time de marketing, produtos e o CEO, Aldo Biagini, os caminhos da marca Aposta1.

A metodologia é inspirada e baseada no tradicional modelo Canvas, explicado no capítulo anterior, muito utilizado por profissionais de estratégia para construir mapas que lhe sejam úteis para tomadas de decisões; o setor de startups, que cresce de forma exponencial no Brasil se utiliza muito desse recurso, para mapear diversos pontos que ajudem as empresas a seguir no melhor caminho.

O Brand Canvas surgiu de um movimento dentro de uma startup: a Aposta1, uma empresa do setor de apostas e cassino online, da qual eu sou o diretor de marketing e branding. Por ser uma empresa que estávamos lançando, literalmente, do zero, o meu primeiro trabalho foi fazer a parte de branding, ou seja, mostrar quais os caminhos que a marca ia seguir.

O Brand Canvas nada mais é do que uma metodologia para mapear alguns pontos da marca que ajudem você no processo de construção da mensagem. É um quadro com 14 pontos que, juntos, dão uma visão geral da marca, entretanto, para se chegar ao Brand Canvas, é preciso de muita — e coloque "muita" nessa frase — pesquisa. Já falei disso anteriormente e vou falar ainda, mais para frente.

Esses 14 pontos que menciono, que formam o quadro do Brand Canvas, serão nos próximos capítulos definidos, explicados e deixarei claro como usá-los, o que se pesquisar e como chegar às conclusões para preencher cada um dos pontos. Neste livro, você vai entender de uma forma muito simples o passo a passo para criar o seu modelo.

O mais importante é saber que o Brand Canvas é uma parte da metodologia global chamada 5Ps de Branding, que vamos abordar em um próximo capítulo, para que você entre de vez nesse mundo.

O funil que montei para explicar é simples. Primeiro, comecei falando sobre o conceito macro, que é o branding, para introduzir o assunto. Talvez você já conheça muito do assunto e tenha sido superficial, talvez você pouco conheça e se interesse em buscar mais sobre ele, isso é normal, é da vida, até porque o foco deste livro é o Brand Canvas, e há vários livros sobre branding para você pesquisar e entender mais do assunto. Eu, por exemplo, para escrever o meu *Planejamento de Marcas no Ambiente Digital"*

(DVS Editora), li dez livros sobre o tema, de autores como Jaime Troiano, Alice M. Tybout e Tim Calkins, David Aaker, Marcos Bedendo, Mark Batey, Joey Reiman, Martin Lindstrom, Donald Muller, Daniel Rowles, Julio Ribeiro, Philip Kotler e Carmine Gallo, isso sem contar palestras online, cursos e uma grande quantidade de artigos sobre o tema.

Depois, afunilei para a metodologia Canvas, que, como disse, é a inspiração do Brand Canvas — aliás, o nome é uma junção do Canvas com o termo "branding", que significa gestão de marca. E agora vamos afunilar ainda mais esse termo, entender passo a passo como fazer isso, mas reforço: essa metodologia não funciona sem muita pesquisa.

Outro ponto: a metodologia do Brand Canvas é parte dos 5Ps de Branding — sei que já falei isso, mas gosto de reforçar, para ficar bem claro. Alguns podem achar que este livro poderia ser resumido em um e-book de dez páginas, e talvez pudesse, mas como profissional de planejamento, se eu não embasar tudo o que faço, eu não sou o profissional que prego ser, portanto o e-book de dez páginas virou um livro muito maior.

Portanto, a partir de agora o convido a conhecer os 5Ps de Branding e, na sequência, muito mais sobre o Brand Canvas. Depois, queria muito que você pudesse me contar os excelentes resultados que terá com esta metodologia. Afinal, assim como fico feliz ao ver meus alunos de cursos e MBAs prosperando, quero ver você usando a metodologia e traçando caminhos muito interessantes para a marca (ou as marcas) com que você atua. Da minha parte posso dizer que, depois de julho de 2021, quando criei a metodologia, nenhum plano de marca será entregue sem usá-la.

BRAND CANVAS

PROPÓSITO — Por que a marca existe?

PALAVRA MÁGICA
Palavra que resume o que a empresa é

PALAVRAS-CHAVE
Crie uma lista de no máximo 10 palavras-chave que representem a empresa e sejam in-teressantes para serem usadas na comunicação. Podem ser diferenciais de produto, va-lores, propósito, missão ou conceitos.

MISSÃO
Por que a empresa faz o que faz?

VISÃO
Qual futuro a empresa espera?

VALORES
O que rege a empresa?

CULTURA
Elencar o conjunto de elementos como crenças, valores e normas, que influenciam o clima da empresa

HISTÓRIA
Surgimento da empresa, propósito do fundador, melhores feitos e fatos interessantes.

PROPOSTA VALOR — O que, como, por que e onde a empresa entrega o que o consumidor espera?

MENSAGEM PRINCIPAL — Pode ser o slogan da empresa ou a imagem. Pode ser o Unique Selling Proposition. É a frase que a empresa precisa que o consumidor entenda o que ela é e oferece.

ATRIBUTOS EMOCIONAIS — Quais os aspectos de marca, produto ou serviço que vão atingir o coração do consumidor?

ATRIBUTOS RACIONAIS — Quais os aspectos de marca, produto ou serviço que vão atingir o cérebro do consumidor?

DNA MARCA — Em quê a marca é única?

DIFERENCIAIS DO PRODUTO
Qual é o diferencial do produto frente à concorrência que pode ser o apelo central para a decisão de compra?

Importante: os campos do Brand Canvas são preenchidos de forma resumida.

Ao longo de todo o livro, vamos reforçar que esse mapa é para que você tenha uma visão bem ampla dos rumos os quais a sua empresa precisa seguir, é um mapa que o guia. Precisa preencher nessa sequência? Não. Preencha da forma como achar mais conveniente, comece por onde quiser; o importante não é a ordem, mas o que você vai colocar nesses campos.

POR QUE USAR?

Acho que essa resposta está nos capítulos acima, mas é sempre bom deixarmos tudo mais claro. Não usar o Brand Canvas não fará com que a sua marca morra, afinal, estamos falando de uma metodologia nova, e milhares de marcas nascem, crescem e morrem diariamente no mundo sem usá-la.

Você pode até pensar que marcas como Netflix, Apple, Montblanc, Coca-Cola, Mercedes-Benz, entre outras são gigantes, nunca a usaram, o que é uma grande verdade, mas não ache que essas marcas chegaram a ser desse tamanho sem usar várias metodologias; assim como não ache que elas continuam fortes e crescendo deixando diversas metodologias de lado e apenas "tocando a vida" ou descarregando milhões de reais em mídia.

Em seu livro *Marcas no Divã*, Jaime Troiano mostra, de uma forma muito bem embasada, que gastar um monte de dinheiro em mídia não vai construir uma marca, e assino embaixo o que esse mestre do branding diz, afinal pessoas compram histórias, e não carrossel do Facebook ou Reels no Instagram.

Esses são canais que contam a história das marcas. Daniel Chafon, que por muitos anos foi um dos grandes profissionais de mídia do Brasil, afirma que "as mídias são responsáveis por contar a história das marcas, elas não são as histórias" — ouvi isso no evento do Grupo de Planejamento em 2016 em que ele palestrou. E ele tem razão.

O problema é que, quando as agências querem criar uma campanha de marca, elas pensam na mídia primeiro, no formato depois e na peça criativa no final, e a história fica por último. Não é assim que as grandes marcas se tornam grandes, como também não é do dia para a noite. Tendo muito ou pouco dinheiro, tudo depende de um tempo de maturação, de construção e de entendimento das pessoas.

Ter uma marca com pilares sólidos e claros encurta esse tempo, mas não é também garantia de que a empresa será um sucesso, afinal, sem mídia, não há como fazer as pessoas conhecerem a marca. Confuso? Falei que mídia não era tudo e depois digo que sem mídia marcas não são construídas.

BRAND CANVAS

Como assim? A resposta é simples: um depende do outro. Marcas são histórias, e a mídia é a plataforma que ajuda a história a chegar a um maior número de pessoas. Simples assim. A mídia, seja ela qual for, como conteúdo em redes sociais, banner na home de portal ou um disparo de e-mail de marketing é a forma de impactar o máximo de pessoas dentro do perfil de público do cliente, mas como David Ogilvy diz: *"as pessoas não compram o formato, mas sim o conteúdo do anúncio"*, ou seja, a história que a marca está contando.

Seja em branding, mídia, comunicação ou em qualquer outra ação que você fará no universo do marketing, tenha consciência de que sem uma metodologia as coisas tendem a sair do eixo rapidamente, isso porque a chance de as informações se perderem sem uma metodologia é enorme. Sem um mapa da sua empresa, você pode, por exemplo, subir diversas campanhas em vários canais, deixando de lado apelos fundamentais de marca, mais importantes para a decisão de compra do que a foto bonita do banco de imagens.

Sejam metodologias ágeis, mais complexas, ou apenas um mapa como o Canvas ou Brand Canvas, você precisa achar uma que faça sentido. Pouco importa qual você vai usar, o que importa é que use uma que o ajude a mapear e chegar aos objetivos com mais sucesso.

Planejamento é prever o futuro. Nós, estrategistas, estamos hoje pensando no amanhã, todos os dias da nossa vida profissional. Precisamos prever agora como o mundo estará em 6, 8 ou 12 meses! Em um mundo cada vez mais tecnológico, com mudanças constantes e quase diárias, está cada dia mais complexo prever o que vai ocorrer daqui a um mês!

Como ficou o plano da sua empresa, aprovado em janeiro de 2020 pela diretoria e que teve que ser totalmente reformulado em março do mesmo ano, graças a uma pandemia? Por isso, planejar nem sempre é certeza de sucesso, mas não planejar é certeza de fracasso — essa é uma filosofia que implantei na FM CONSULTORIA e que tem sido interessante para o mercado. Nunca podemos prever o futuro, mas podemos traçar caminhos para construí-lo; esse é um dos principais objetivos dos times de marketing, e construção de marca é o pilar para tudo isso.

Metodologias ajudam nas previsões e constantes mudanças de rota com que as empresas precisam lidar periodicamente, pois, como estou enfatizando aqui, elas são muito úteis para criar um mapa da sua empresa. E não se muda de rota sem um mapa, concorda?

O marketing está muito longe de ser uma área de despesa da empresa, uma área para fazer campanhas bonitas e posts em redes sociais, para criar eventos internos e ajudar o RH criando peças para o Dia das Mães ou dos Pais, por exemplo. O marketing constrói marcas fortes, e metodologias são fundamentais para isso. Brand Canvas é uma das metodologias que eu uso, ela foi criada por mim, mas, para criá-la, estudei e me inspirei em outras já existentes, e ficarei feliz em saber que um dia você criou a sua própria metodologia e o Brand Canvas foi uma inspiração para você.

METODOLOGIA 5PS DE BRANDING

Por que eu devo usar a metodologia 5Ps de branding? Essa é uma pergunta que eu respondo, com prazer, com uma certa frequência. Toda a metodologia gera muitas dúvidas quando a vemos a primeira vez. Somado a isso, existe um grande número de pessoas que nunca fizeram nada e criam fórmulas mágicas que farão você e sua empresa "faturar 7 dígitos em 7 dias", quando nem quem ensina a metodologia consegue esse resultado. Então, nunca acredite em fórmulas mágicas, elas só dão certo em filmes da Disney.

Não tem como a dúvida não pairar sobre a sua cabeça quando você dá de cara com uma nova metodologia. Tudo o que é novo causa dúvida e, quando falamos de branding, muitos acham que isso é caro ou é apenas para grandes empresas, quando na verdade não é uma coisa nem outra. Veremos alguns exemplos desses aqui, mas sempre falo que metodologias servem para todos os tipos de empresa. Os 5Ps de Branding, por exemplo, já foram usados para escritório de advocacia com cerca de dez advogados; empresa de eventos com oito funcionários; e-commerce de produtos para beleza com 30 funcionários; empresa de venda de chá com 12 pessoas, ou seja, não é apenas para multinacionais: a metodologia se encaixa para todos.

A seguir, vou apresentar algumas dúvidas gerais, para ajudá-lo a tomar a decisão de aplicar essa metodologia à empresa, seja ela o tamanho que for. Então, a pergunta: *"por que eu devo usar a metodologia 5Ps de branding?"* com certeza será respondida, com base em um artigo que escrevi para diversos veículos para fazer o lançamento oficial da metodologia no mercado.

O que são os 5Ps de Branding?

Comecemos com o básico: Propósito, Promessa, Percepção, Posicionamento e Público. Os 5 Ps de branding se resumem a identificar esses cinco pontos da sua marca para melhor direcioná-la rumo ao que o mundo espera da sua empresa:

- **Propósito** é por que você existe.
- **Promessa** é por que as pessoas devem comprar de você.
- **Percepção** é como as pessoas devem enxergar a sua marca na vida delas.
- **Posicionamento** é como a sua marca se diferencia no mercado.
- **Pessoas** é para quem você vende.

Entender tudo isso faz muita diferença no seu negócio.

Por que você ensina algo que lhe rende dinheiro?

A resposta é simples. As pessoas podem conhecer o que eu faço, mas não como eu faço. Outro ponto é que, quando você conhece algo e tem segurança naquilo, repassar conhecimento faz parte da sua construção de marca pessoal.

Desde 2008, tenho o prazer se ser professor de instituições como ESPM, FGV, Faap, iCoop, USP, Belas Artes, Unoesc e na Trampos Academy, logo, como professor, a minha missão é disseminar conhecimento.

E faço isso com o maior prazer do mundo, sem nenhuma demagogia, é a verdade, tanto que eu já palestrei em diversas faculdades e eventos de graça, apenas pelo prazer de passar conhecimento.

Por que eu devo usar a metodologia 5Ps de Branding? Porque eu vou ensinar a você o que eu faço no meu dia a dia para a construção e fortalecimento de marcas, e no fim deste capítulo você vai ver alguns exemplos.

São 4 passos para chegar a 5 pontos analisando 60 elementos. Isso parece confuso?

O passo a passo é esse mesmo, mas ele é mais simples do que parece. Na metodologia, você vai ver quais são, um a um, esses elementos e por que é preciso buscar cada um deles. Também vai entender tudo isso e traçar um caminho de sucesso para o seu negócio.

METODOLOGIA 5PS DE BRANDING

Nos passos 1 e 2, você vai fazer uma grande imersão na empresa, mercado e públicos. Através dos formulários de pesquisa, que ensinamos, você vai obter elementos para preencher mais da metade desses 60 elementos. Logo à frente, você terá mais detalhes sobre esses passos, em capítulos específicos sobre eles.

No passo 3, posicionamento, uma outra parcela desses pontos serão descobertos baseados em estudos, não apenas da fase 1 e 2, fundamentais, mas estudos acadêmicos, pesquisas de mercado, estudos de concorrência e diagnóstico de marca.

No passo 4 é quando você desenha como será a sua comunicação. Os últimos elementos dentre os 60 são desvendados para que a marca se comporte como foi desenhado nas fases 1, 2 e 3. Assim, sua marca sabe exatamente para onde caminhar e como, e é aqui que a metodologia Brand Canvas entra e ajuda no mapeamento dos caminhos da marca.

A partir do momento que você conhece a metodologia dos 5Ps e começa a aplicar, você entende que é muito mais fácil do que parece, basta seguir o passo a passo, fazer as perguntas certas e saber como interpretar o que está à sua frente. Mas, para isso, não existe fórmula ou software, existe a inteligência humana.

Quais perguntas fazer? Essa é uma resposta que eu não tenho, pois eu não sei do que você precisa ou o que quer saber da marca, mas há caminhos, como entender diversos pontos que serão mais bem explicados nos capítulos em que, resumidamente, falo dos passos 1 e 2.

Minha empresa já tem posicionamento, por que fazer a metodologia?

Uma grande parcela de projetos que a minha empresa, FM CONSULTORIA, está recebendo é de marcas que, devido ao novo mundo em que estamos vivendo, precisam se conectar de uma outra forma com seus públicos e criar projetos de fortalecimento de branding. O mundo muda tão rápido, que posicionamentos usados no passado podem não mais fazer sentido para as marcas hoje em dia. Isso é um fato, que estamos vendo dia após dia. A tecnologia é outro fator que muda a forma de as pessoas verem o mundo e, com isso, a forma de consumir, logo, as marcas precisam se reposicionar, e urgentemente.

O conceito de propósito está cada vez mais em alta, pois tem se tornado fator essencial para as pessoas decidirem qual marca comprar. Na metodologia, eu dedico um espaço grande a isso, uma vez que um dos 5Ps é o propósito, sendo o primeiro ponto a abordarmos. No marketing moderno, a regra é que o propósito oriente as marcas, por isso começamos por esse pilar, para que este seja o pilar que norteie a marca.

Outro fator é que a metodologia lhe dá a segurança de que o seu atual posicionamento realmente é o certeiro para conquistar o seu consumidor, mesmo com essas mudanças. Não é necessário, ao fazer a metodologia, mudar de posicionamento, pois pode constatar que este ainda fala com o coração do consumidor e, então, mantê-lo. No entanto, essa é uma forma para que, com embasamento e ouvindo as pessoas, você se sinta seguro com o posicionamento atual.

Branding é para grandes empresas e é caro

Nem uma coisa e muito menos outra. Tudo depende da complexidade do projeto e consequentemente do tamanho da empresa. Uma coisa que eu sempre falo é que a Apple, quando surgiu no mercado, já tinha como concorrentes Microsoft e IBM, gigantes multinacionais, mas, acreditando em seu propósito, ela foi construída dia após dia — e ainda é — para chegar aonde chegou.

Trabalhar o branding foi fundamental, pois seus produtos têm conexão com o que a marca é, a sua promessa e o seu propósito, e o trabalho para as pessoas perceberem isso é diário, tudo em torno de um posicionamento que resume o que a marca é, e a fim de fazer as pessoas pensarem diferente. Em termos de custo, uma frase é certa: para ganhar dinheiro, é preciso investir dinheiro, mas isso não se assume a volumes gigantescos, pois branding ser caro é relativo. Fizemos um projeto que, na primeira semana, o cliente recuperou o que investiu em nós.

Foi caro? Branding bem feito é algo que, em médio prazo, fará com que você invista mais assertivamente. Fazer campanha no Facebook, Instagram e Google é fácil, o que falar na campanha é que faz toda a diferença — na verdade, o planejamento faz toda a diferença.

David Ogilvy, talvez o maior publicitário da história da propaganda, tem uma frase que resume muito bem o que disse acima: *"o que realmente faz o consumidor comprar, ou não, é o conteúdo do seu anúncio, e não o seu formato"*. Você pode anunciar na Globo, no Jornal Nacional, pagar 500 mil reais por 30 segundos, milhares de pessoas vão ver, mas se a sua mensagem for ruim e não for verdadeira com o que promete, gastou-se uma enorme quantidade dinheiro para nada.

Ok, mas onde você aplicou isso?

Sabe quando você está andando na rua e vê um tapume da Vitacon e lê: "Vitacon, Life Is On". Você acha que isso representa uma marca que quer vender um lugar para você dormir, e não para morar? Que acredita que a vida está sempre em movimento?

Quando você quer tomar um chá para emagrecer que faça a diferença na sua vida, mas também possa lhe render um dinheiro extra, o Top Premium Brasil diz que uma determinada marca quer "transformar o mundo em um lugar melhor", pois é através de uma boa saúde e um bom emprego que as pessoas mudam.

Uma marca de moda está presente na vida das mulheres em todos os momentos. Seja em uma roupa para trabalhar ou para uma grande festa, seja naquela roupa chique ou na do dia a dia. As mulheres querem sempre estar lindas, o dia todo, se sentindo bem. A mulher brasileira é assim, tem essa essência. Quando a Amíssima Modas assina que ela é uma marca "para todas as mulheres que existem em você", mostra o quanto ela entende que, a cada momento do dia, a mulher é de uma forma: de manhã ela é uma mãe dedicada, de tarde, uma profissional exemplar e, de noite, adora uma festa.

A Office é uma empresa que atua no B2B. Ela revende softwares e hardwares para pontos de venda. A marca não tem, em produtos, grandes diferenciais, mas na sua promessa ela tem: a relação com seus parceiros. A percepção da marca era esta no mercado, a de que nenhuma empresa tinha o atendimento atencioso que a Officer tinha, por isso "relacionamento de negócios" é o slogan criado para reforçar essa percepção.

Concept Uniformes é uma marca de Brasília que vende uniformes para funcionários de casas e empresas. Seu diferencial está na qualidade do produto e no atendimento próximo, porém, na imersão, descobriu-se que os funcionários que vestiam o uniforme se sentiam prestigiados pela empresa, se sentiam mais felizes e trabalhavam melhor, pois não recebiam um uniforme ruim e feio, mas algo elegante. Então o caminho foi reforçar isso, criando o posicionamento "conceito de qualidade para a felicidade de seus parceiros".

Resumindo: você fará dois tipos de pesquisa, sendo uma dentro da empresa, o que chamamos de Razões da Marca, e outra com os consumidores, sendo seis perfis diferentes, que chamamos de Voz das Ruas. Com esses dados coletados, você vai criar o posicionamento da marca, baseado no que chamamos de 11 Verdades da Marca, que se resume em uma matriz de pontos como:

BRAND CANVAS

- Marca: o que a empresa é, representa, vende.
- Objetivo: para onde quer ir.
- Valores: o que a empresa tem como valores inseridos em seu DNA.
- Missão: o que ela faz pelo mundo?
- Propósito: por que existe?
- Público: resumo da persona principal.
- Promessa: o que ela promete ao mundo.
- Unique Selling Proposition: a razão única pela qual a marca deve ser comprada.
- Experiência: o que as pessoas precisam ter de experiência memorável.
- Mensagem: o que precisa ficar claro.
- Imagem: como a marca precisa ser vista.

Perceba que 11 Verdades da Marca é mais uma metodologia dentro da metodologia macro dos 5Ps de Branding, tal qual o Brand Canvas é. Com esse mapa, você vai sinalizar no máximo uma ou duas palavras que chamem a atenção em cada ponto, por exemplo, na frase sobre valores, qual o principal valor da empresa?

"Não basta uma marca ser diferente, ela precisa ser fiel ao caminho escolhido em seu posicionamento". Essas são palavras do meu querido amigo e chefe na ESPM, Gabriel Rossi, e ele está certo; do contrário, para que uma marca deve se posicionar no mercado? Fazer os 5Ps de Branding é essencial para chegar a esse posicionamento, como você viu acima, mas agora, para trabalhar o posicionamento em uma comunicação que seja relevante, o Brand Canvas vai ajudar muito!

No que se refere à marca, o que ela faz de mais importante? Em imagem da marca, as pessoas precisam enxergá-la como? Essas palavras formaram uma coluna, e algumas serão repetidas, não tem problema, o segredo é que uma palavra apenas se repita dentro desse quadro, é importante que isso ocorra. Passamos, então, para a segunda fase da metodologia, chamada Palavra Mágica, que nada mais é do que uma palavra que resume o que a marca é e faz, por exemplo, Mercedes-Benz: tradição; Apple: inovação; Coca-Cola: felicidade; Montblanc: luxo; Outback: momentos; e por aí vai.

Essa palavra é importantíssima para o Brand Canvas, pois é a segunda caixinha a ser preenchida na metodologia, depois de Propósito, assim como essa palavra deve estar presente no slogan da marca, o que pode ser o posicionamento da marca também (ao menos na metodologia das 11 Verdades da Marca, fazemos dessa forma). Isso mapeado, você pode criar o texto ou vídeo manifesto da marca. O Brand Canvas não é usado para esse texto ou vídeo, mas pode ajudar com elementos para compor o texto ou o roteiro do vídeo.

COMO FAZER IMERSÃO NA EMPRESA?

Neste capítulo, começaremos a entender o primeiro dos 4 passos da metodologia dos 5Ps de Branding, sobre pesquisa de imersão, chamado Razão da Marca, no qual você fará uma grande imersão na empresa em que trabalha — ou atende —, para entender mais sobre ela e, dessa forma, conseguir informações e dados para montar o seu Brand Canvas.

Algo que você não pode ter na sua forma de pesquisar é preconceito com cargos. Conversar com o chamado C-level, ou seja, a alta diretoria da empresa é fundamental, mas o estagiário e a tia do café podem ser tão importantes quanto o presidente da empresa.

Certa vez, em uma imersão, me pediram para conversar com a simpática tia do cafezinho. A Dona Maria era um amor de pessoa, já tinha conversado com ela algumas vezes nas minhas visitas a essa empresa, desde quando estávamos conversando sobre a proposta de trabalho, e ela era sempre muito brincalhona. Na imersão, o time do marketing pediu para eu conversar com ela. Não entendi muito bem o porquê, mas fui, e foi mais um aprendizado na carreira.

A Dona Maria foi a primeira funcionária da empresa, que, naquele ano, completava 20 anos. Quando os dois sócios montaram a empresa e alugaram um pequeno escritório, eles a contrataram logo que o escritório ficou pronto. Passaram os anos, um sócio comprou a parte do outro, e este foi morar fora do país para se dedicar a outro negócio. Dona Maria ficou.

A empresa saiu de dois para 100 funcionários, mudou três vezes de sede, ampliou seu portfólio de produtos e pouco se parecia com aquela de 20 anos antes, tanto que nem vendia mais os mesmos serviços. Mas a Dona Maria estava sempre lá. O CEO, que era o sócio-fundador da empresa, dizia que era mais fácil ele ser mandado embora do que ela, e Dona Maria abria um sorriso iluminado com aquela brincadeira. Aos sábados, ela fazia faxina na casa do CEO, a relação era ótima. Então, eu conversei com a Dona Maria por quase uma hora. Diversos insights vieram desse papo, afinal, ela sabia muito mais da história da empresa do que o time de marketing que me contratou e estava na empresa havia ou sete anos.

Existem alguns pontos que você precisa avaliar dentro dessa imersão. O primeiro é entender a fundo o propósito do fundador, ou seja, por que a empresa foi criada, a sua história, o que ela representa. A Dona Maria, citada, sabia muito sobre isso. Às vezes, o fundador ou fundadora da empresa não está mais na operação e pode ser que infelizmente, nem esteja vivo, mas há sempre pessoas que, como a Dona Maria, conhecem muito da empresa. Ache o máximo de "Donas Marias" que você puder dentro da empresa para entender esse propósito. Tais imersões são sempre baseadas em um papo informal, uma conversa sem um roteiro a seguir. Pense em umas oito a dez perguntas para orientar, mas há sempre perguntas que surgem de acordo com as respostas dadas.

Roteiro deixa o papo mais formal e engessado. Então, deixe as pessoas livres para responderem o que "o coração mandar". O papo é sempre entre o entrevistador e entrevistado. Evite ao máximo ter mais pessoas na sala e, se for fora da empresa, melhor. Uma vez, fiz essa bateria de exames na padaria, ao lado do escritório de outro cliente, e foi um sucesso, as pessoas se sentiram mais livres para falar. Teve até gente que chorou de emoção ao falar do amor que tinha pela empresa.

Pesquisa Desk é a pesquisa feita no computador. Infelizmente, muitos gestores e agências avaliam que apenas essa pesquisa dá as respostas, mas não, as pesquisas vão além disso. São dados secundários de programas de rádio e TV, eventos, palestras, artigos e, até mesmo, livros. Vou dar uma dica para vocês: os melhores insights que eu tenho de ações vêm de livros. #FicaDica.

Não foque apenas isso. Não faça um planejamento baseado em dados que você pesquisou na web — às vezes, é tudo o que se tem, entendo, mas tente ao máximo ir a fundo em todas as pesquisas. A pesquisa Desk não envolve os analytics de sites e redes sociais, são dados secundários. O fundamental dessa pesquisa é descobrir a percepção das pessoas em relação à empresa em trabalham. Veremos a percepção de mercado a seguir, no capítulo sobre comportamento, mas no momento você precisa saber o que as pessoas acham da empresa, por isso a imersão precisa ser feita do CEO à tia do cafezinho, efetivamente!

Segundo Al Ries, o pai do posicionamento, *"o mercado não é uma batalha de produtos. É uma batalha de percepções"*, e nesse ponto o branding se faz muito importante. A Apple é melhor que a Samsung? Em um primeiro momento, sim, mas se você olhar o que os especialistas em tecnologia dizem, não é bem assim, porém a percepção da marca Apple, sendo a primeira ou segunda mais valiosa do mundo (a depender da empresa que faz a avaliação), a Apple é superior. Mas posso dizer tranquilamente que eu tive, por quatro anos, um Dell Inspire e desde 2015 eu tenho Macbook e, tirando a diferença para que o computador ligue — afinal, Dell usa Windows —, ambos são máquinas sensacionais, e não vi diferença alguma. Quem tem Samsung e já teve Apple pode dar a sua visão.

COMO FAZER IMERSÃO NA EMPRESA

O exemplo é para mostrar o que venho insistindo neste livro: a percepção de marca faz toda a diferença. Pense sempre nisto: se a Montblanc fosse apenas uma caneta, ninguém pagaria 3 mil reais por ela, no entanto a marca tem um lucro bruto na casa dos 400 milhões de euros por ano em todo o mundo. Se fosse só uma caneta, não faturaria nem 1% disso.

Uma metodologia que eu uso — como disse, metodologias são formadas por outras pequenas metodologias — é fazer uma pesquisa, essa mais com o C-level e de respostas rápidas. É muito simples fazê-la. Você se senta na frente de cada um do C-level, em um papo, sempre, apenas entre os dois, e a pergunta-base é: "O que vem à sua mente quando você pensa em...":

- propósito;
- posicionamento de marca;
- produto;
- serviço;
- mercado;
- concorrência;
- público;
- problemas da marca;
- soluções para esses problemas.

Uma pergunta por vez, o segredo é não deixar o entrevistado pensar muito, ele precisa responder rápido. O que importa, nesse momento, é a resposta espontânea, pois essa resposta é que o entrevistado sente e segue.

A pesquisa de atributos de marca entra no momento de pesquisa com todos os times, do C-level à tia do cafezinho. É preciso entender quais são a missão, os valores, a visão e a filosofia da empresa, mas não se limite ao quadro na recepção da empresa que exiba isso, ouça o que as pessoas acham, pois nem sempre o que está no quadro da parede está na mente das pessoas.

Na mesma pesquisa, é preciso descobrir outros pontos e definir bem o negócio. Uma pergunta que eu uso muito, aliás, a primeira que eu faço, é: "O que é a (nome da marca) para você?". Nesse ponto, você já descobre o que é o negócio, na percepção das pessoas que nele trabalham, além de entender o conceito de marca. Outra pergunta a ser feita diz respeito a entender os diferenciais da empresa para o mercado, que podem ser vários, como preço e atendimento; às vezes, o fator mais importante é o atendimento do que preço. Você já comprou algo mais caro na loja A do que na B, porque o atendimento da A foi melhor?

BRAND CANVAS

Entenda o significado da marca, não apenas no lado raso, ou seja, a BMW significa Bayerische Motoren Werke (Fábrica de Motores da Baviera), mas não se trata disso. Você precisa identificar o significado mais profundo da marca, que passa pela identidade, proposta de valor, personalidade, cores e ícones usados, tudo o que é ligado à imagem da marca. Em pesquisas, você identifica isso, por exemplo, perguntando ao fundador por que o logo é azul ou preto; entendendo o que a marca oferece ao mercado (proposta de valor); se a marca quer ter um lado mais sério ou descontraído e por aí vai.

Guarde essas informações com carinho, pois em breve você colocará muitas delas no Brand Canvas que o ajudará a mapear o caminho que a sua marca vai seguir.

COMO PESQUISAR PERFIS DE PÚBLICOS?

O termo "personas" é algo que fatalmente você já, pelo menos, ouviu ou já fez vários perfis delas para as marcas com as quais trabalha. Não é um termo novo, não é uma inovação, mas é fundamental para o sucesso de qualquer empresa, afinal, sem saber para quem, não tem como vender nada.

Eu poderia escrever pelo menos 50 páginas sobre este assunto que eu tanto amo, que é comportamento de consumo. Quer me ver feliz, me mande um estudo de comportamento! Eu sempre defendi que o grande diferencial de uma empresa não é seu produto ou serviço, até porque cada dia tudo está mais igual, mas como elas entendem a fundo o comportamento das pessoas. Um dia, eu vou realizar o sonho de ter no time de marketing de uma empresa psicólogos e sociólogos, para irmos a fundo no comportamento dos perfis de públicos da marca.

O perfil do público de algumas marcas é mais difícil de definir. Por exemplo, qual o perfil do público de uma Coca-Cola ou Pepsi? Marcas que vendem um produto que pode ser consumido por pessoas de 8 a 80 anos, classes A, B, C, D, E, de todas as raças e orientações sexuais? Qual o perfil de público da BIC, uma caneta de cinco reais que agrada dos mais ricos aos mais pobres? Nesses casos, o que as empresas fazem é fortalecer diariamente suas marcas. Porém, para uma Gucci é mais fácil definir o público, sendo que só pela classe social já é possível definir uma segmentação.

Como dito, produtos e serviços estão cada dia mais iguais, e reforço isso pois, para se diferenciar, o branding é um dos melhores, senão o melhor, dos caminhos. Vamos pegar o setor de bancos. O que o Itaú faz de tão diferente do Santander, Bradesco ou Banco do Brasil? Será mesmo que o Nubank tem serviços tão diferentes em comparação a esses bancos? Será que C6 Bank, CoraBank, Banco Inter ou B2B oferecem mesmo uma enorme vantagem, além de não terem tarifa, em relação aos bancos tradicionais? A percepção que eu tenho é que todos são iguais. Vejo diferenças nos bancos tradicionais versus os digitais, mas os tradicionais são todos iguais entre si, e os digitais, a mesma coisa.

Então por que o Nubank é tão amado? Só porque ele tem o cartão roxinho? Por que o atendimento dele é rápido, ágil e todo pelo aplicativo? Por que não tem agência? Bem, os cartões do C6 Bank têm várias cores e são lindos, o atendimento é igual e também não tem agência — aliás, tem uma loja de experiências em shoppings. Marca é a resposta! O Nubank é uma marca amada, algo que outros bancos não são; o C6 Bank, para mim, caminha para ser, porém o Nubank tem um diferencial: entende o comportamento de seus correntistas!

Dentro da metodologia, trabalhamos seis perfis de consumidores; para alguns, focamos a comunicação; para outros, entender mais sobre a marca e os segmentos. De forma resumida, apresentarei os seis perfis, para que depois você possa conhecer cada um deles, pois o foco do livro é a metodologia Brand Canvas, e entender o perfil de pessoas ajuda a metodologia, mas não é o seu foco.

Vale o reforço de que é preciso fazer pesquisas para descobrir esses perfis.

Consumidores

São as pessoas que compram seus produtos, aquelas que "fazem a roda girar"; como o mercado diz, são os responsáveis pelos maiores lucros da empresa e, consequentemente, são os que melhor se relacionam com a marca; são grandes ativos da empresa. Não importa se o seu produto é de giro rápido, como um supermercado, ou de uma compra mais pensada, como um apartamento ou um carro, quanto mais consumidores fiéis você tiver, melhor, pois quem ama não trai.

Este é o perfil que você mais precisa entender, pois a maior parte dos seus esforços de comunicação será destinada a ele, por uma razão muito clara.

BRAND CANVAS

As perguntas básicas que você deve fazer para esse perfil são estas:

- Por que você compra?
- Quem influencia a sua compra?
- Quem decide pela compra desse produto/marca/serviço?
- Quem indica?
- Quem consome?
- Qual palavra vem à sua mente quando você pensa "quando eu compro ou vejo esse produto, eu..."?

Consumidores esporádicos

Um público que consome o produto de forma esporádica é consumidor, mas não diário. Por exemplo, eu tomo Coca-Cola todos os dias, eu amo esse produto, já na casa da minha irmã, eles tomam apenas aos fins de semana. Já um apartamento ou carro, por exemplo, não é uma compra mensal, como ir ao Pão de Açúcar ou St. Marche. Coca-Cola, Guaraná e Fanta são produtos de consumo diário, mas Skol, Brahma ou Johnnie Walker não são.

Outro ponto é a fidelidade. O João pode ser muito fã do McDonald's, e às vezes ele gosta de ir ao Burguer King ou Madero. Mas João acha que o lanche da pequena lanchonete ao lado da sua casa é o melhor lanche do mundo. A Paula pode ser uma grande fã d'O Boticário, mas tem um produto da Natura que, para a pele dela, é melhor.

As perguntas básicas que você deve fazer para esse perfil são estas:

- Por que você compra?
- O que chama a sua atenção?
- Preço é diferencial?
- Como é o atendimento no PDV?
- Qual experiência você espera?
- Você pesquisa ou compra da concorrência?

Ex-consumidores

Eles podem parecer irrelevantes, afinal, se não compram mais, é bom deixá-los de lado, mas Bill Gates tem uma frase sensacional que diz *"seus clientes mais insatisfeitos são sua melhor fonte de aprendizado"*, e o gênio da informática tem muita razão, não acha?

O ex, por definição, é alguém que um dia já foi. O ex-namorado foi seu namorado um dia. A ex-mulher foi casada com você um dia. O ex-chefe foi quem o contratou um dia. Logo, o ex-consumidor um dia comprou a sua marca, mas por algum motivo parou. Entender esse motivo é o aprendizado de que Bill Gates fala em sua lendária frase.

Esse perfil, por algum motivo, apenas parou de comprar os produtos da sua marca ou na sua loja. Existem diversos motivos para isso, e entendê-los é importante para saber quais erros ajustar.

As perguntas básicas que você deve fazer para esse perfil são estas:

- Por que você não compra mais?
- O que mais desagradou?
- O que a marca não cumpriu?
- O preço do produto influenciou a sua decisão?
- Começou a comprar da concorrência? Qual?

Detesta

Esse perfil está um passo à frente do ex-consumidor. Ele também é um ex-consumidor, mas algo aconteceu com a sua relação com a marca, e talvez nem seja culpa da marca ou do produto, mas gerou um sentimento de ódio dentro dele. Todos nós temos uma marca assim. Eu, por exemplo, tenho uma de carro, e se amanhã eu ganhar 400 milhões na Mega-Sena, apaixonado por carros que sou, vou comprar um de cada marca, menos dessa. E posso dizer que essa marca é uma das maiores do mundo, mas a minha experiência com ela foi péssima, a ponto de eu convencer amigos a não comprarem seus carros, e olha que eles são lindos.

A frase de Bill Gates se encaixa perfeitamente aqui, também, afinal, como disse, o cliente que detesta a marca é um ex-cliente potencializado. Ninguém acorda, vai ao banheiro escovar os dentes, olha no espelho e diz *"ah, hoje eu vou começar a odiar a marca x..."*. Isso não ocorre, mas, como nos relacionamentos, o amor e o ódio andam lado a lado, e há uma linha muito fina que os separa — qualquer traição e o amor se transforma em ódio mais rápido que o Bruce Wayne se transforma no Batman.

Para esse amor virar ódio, essa linha fina tem um nome: experiência. Se ela for de acordo com a promessa da marca, o amor cresce, senão, o ódio toma o lugar desse amor. A promessa do McDonald's ou do Burger King é de uma comida rápida, barata e gostosa. Basta uma batata frita mal frita, um refrigerante sem gelo ou uma alface com gosto azedo para o mundo mágico dessas marcas acabar na mente do consumidor e ele nunca mais consumi-lo, e dependendo do que ocorrer, o ódio toma conta.

Por isso, Steve Cannon, ex-CEO da Mercedes-Benz EUA, disse em um evento que *"experiência é o novo marketing"*, e ele tem razão, o amor e o ódio dependem dessa experiência. Por que a Disney é o que é? Experiência.

As perguntas básicas que você deve fazer para esse perfil são estas:

- O que houve entre você e a marca?
- Qual a sua grande frustração?
- Como poderia ter sido resolvido?
- Se fosse resolvido, você voltaria?
- Migrou suas compras para a concorrência? Qual?

Amantes

No lado oposto de quem odeia, tem quem ame. E muito. Marcas como Apple, Netflix e Harley-Davidson já chegaram a esse ponto. Tudo o que a Apple lança, mesmo que seja a 30ª versão do iPhone, se torna um objeto altamente desejável, algo que com a Samsung, por exemplo, não ocorre.

Os amantes da marca são aqueles que nem querem saber o preço do produto, eles compram. Eu, por exemplo, não sei quanto custa a Coca-Cola e a costelinha de porco do Outback, pois, quando vou ao restaurante, eu nem olho o cardápio, já peço isso, pois é uma das minhas comidas preferidas. Você deve ter algum exemplo assim, não?

Pense em marcas que você realmente ama e porque as ama. Pense em algum caso como o meu com o Outback. Será que é uma cerveja que você chega ao bar e pede pela marca? Será que é uma marca de roupas que você sabe que é um pouco mais cara que as outras no shopping, mas a qualidade, o caimento e os modelos são tão bons que você tem tanto prazer em usar que nem pensa em outras?

As perguntas básicas que você deve fazer para esse perfil são estas:

- O que a marca faz para você amar tanto?
- Por que você a indica para amigos?
- Por que recomenda?
- Qual promessa a marca cumpre?
- Compra da concorrência? Qual?

Potencial

Por fim, chegamos ao consumidor em potencial, aquele que está quase fechando a compra, mas ainda falta um detalhe. Descobrir esse detalhe faz toda a diferença. Esse perfil é mais para o mercado B2B de venda de serviços ou para o mercado B2C de produtos de alto valor, como um apartamento, carro ou viagem. Normalmente esse consumidor está pesquisando em vários lugares. Por exemplo, uma empresa precisa contratar um servidor de cloud computing. Se você jogar o termo no Google, vai achar, pelo menos, umas 20 opções só na primeira página, ou seja, para leigos, pode parecer tudo igual, e o serviço tem uma grande variedade de concorrentes.

Como esse cliente está em dúvida com quem fechar, devido a uma infinidade de opções, que, às vezes, parecem todas iguais, ele vai analisar o preço para depois ver o serviço. Por isso, é nessa hora que as marcas têm que agregar valor, por exemplo, um atendimento com enorme excelência como diferencial para a decisão. Lembre-se do que Steve Cannon disse, "a experiência é o novo marketing", cada ponto de contato conta, afinal, a essência do branding é essa, não? Trabalhe os pontos de contato para que o cliente tenha uma experiência que o satisfaça, e, para isso, ele precisa ter a percepção de que a promessa da marca está sendo cumprida, que o seu posicionamento traduz a realidade e seu propósito está atrelado aos valores dele. Estamos, novamente, diante dos 5Ps de Branding.

As perguntas básicas que você deve fazer para esse perfil são estas:

- Como chegou até a marca?
- O que acha do atendimento?
- Como percebe a marca?
- O que acha do produto/serviço?
- Que outras marcas você está avaliando?
- Em que a nossa empresa precisa melhorar?

As perguntas que você viu até aqui, para cada um dos seis perfis, são perguntas básicas que usamos na FM CONSULTORIA. É claro que, de acordo com o perfil do cliente, incluímos algumas mais específicas do segmento ou do que precisamos descobrir, mas aqui você já tem um guia para conseguir mapear bem os caminhos de marca. E você acabou de aprender mais uma metodologia de estudos, que faz parte da metodologia macro dos 5Ps de Branding, além, é claro, de ser um ponto importante de dados e informações para você montar seu Brand Canvas.

O que as pessoas buscam?

Um elo entre esses seis perfis é o que as pessoas estão buscando no momento de fazer alguma aquisição. Pessoas estão buscando atendimento personalizado de empresas que realmente resolvam os seus problemas, de maneira criativa e com muita tecnologia embarcada, mas isso trouxe um problema para as marcas, que agora precisam convencer que seu produto ou serviço é ótimo para potenciais clientes muito mais exigentes. O marketing de experiência é uma estratégia para fixar a marca entre os consumidores e proporcionar algo novo, algo que faça sentido em suas vidas. Experiência pode ser tudo, até colocar um Starbucks nas lojas da Saraiva.

Essa experiência pode passar por vários pontos e influencia diretamente a decisão de compras cada vez mais motivadas pelas recompensas. O neuromarketing, por meio de diversos estudos, mostra isso, assim como os estudos apontam que nosso cérebro é uma máquina de calcular possibilidades de recompensa. Somos movidos a isso, desde o começo da vida; quando crianças, ganhamos sorvete se comermos toda a alface do prato; aquele velhinho bondoso vem dia 25 de dezembro à nossa casa trazer o sonhado presente, se nos comportarmos.

Já ouviu falar em dopamina? Esse é o famoso hormônio do prazer. Todo o processo de escolha tem a dopamina envolvida — qualquer escolha, por exemplo, ler este livro, dentre tantos outros. E esse processo de escolha traz um componente fundamental para tudo: expectativa.

O nosso cérebro odeia perder. A palavra "promoção" é um elo entre o cérebro não perder e ao mesmo tempo buscar a recompensa, como o neurocientista português António Damásio criou e define o que ele chama de marcador somático: *"mecanismo pelo qual os processos emocionais podem enviesar o comportamento, particularmente, a tomada de decisão".* A palavra "promoção" ativa isso em nosso cérebro, e ele precisa urgentemente daquele produto para não perder a oportunidade.

O desejo dispara o que os neurocientistas chamam de "ciclo dopaminérgico", que deixa o cérebro ávido para fazer as escolhas que gerem prazer, ou seja, escolhas que tragam recompensa para o ser humano. Toda a escolha é assim, desde o que vamos comer no almoço, o curso que faremos para nos tornarmos um profissional de sucesso, o MBA fora do país e mesmo a pessoa com a qual vamos nos relacionar, talvez, pelo resto da vida.

No livro *Neuropropaganda de A a Z*, os autores Antonio Lavareda e João Paulo Castro explicam que a marca trabalha a mente do consumidor de uma forma com enormes chances de assertividade: *"a marca estimula o desejo enchendo a mente do consumidor com ideias luxuosas".* No famoso desfile das Angels, que é um dos principais eventos do mercado da moda, são expostos produtos que nunca estarão nas lojas, como um sutiã cravejado de diamantes que custa 2,5 milhões de dólares, mas, no ponto de venda, a consumidora poderá achar produtos de 50 dólares. Segundo os autores: *"expor o luxo para vender produtos ao público classe média é tiro quase sempre certeiro"*.

CRIANDO PERSONAS

No capítulo anterior, vimos o perfil de cada um dos tipos de públicos, no geral, que uma marca pode ter. Cada perfil corresponde a um tipo de relacionamento que as pessoas têm com as marcas. Você, como estrategista, poderá até criar campanhas para cada um dos públicos ali mencionados, obviamente, traçando campanhas específicas e segmentadas, além de trabalhar os esforços de uma forma diferente.

Não há dúvida de que os consumidores e consumidores esporádicos devem receber mais esforços e atenção do que os que detestam a marca, por exemplo, assim como aqueles que estão quase fechando o negócio precisam de uma estratégia mais personalizada do que os outros.

Na FM CONSULTORIA, nós temos outra metodologia, que se chama "perfis desejáveis", em que mapeamos quatro tipos de públicos:

- Roda girar: principal público e quem traz os maiores faturamentos para a empresa, quem mais compra e mais se comunica com a marca.
- Alcançável: público que a marca precisa impactar mais, pois acaba comprando mais esporadicamente e/ou é de fortes influenciadores no momento da compra.
- Sonho: aqueles que mostram ter um alto poder de compra ou impacto na decisão de compra — para empresas B2B, por exemplo — e precisam ser impactados.
- Tendência: perfis de público que vêm crescendo em um segmento, por exemplo, os jovens que estão mais ligados a propósito de marca.

Esses perfis podem ajudá-lo, junto com os seis mapeados, a montar a persona ideal da sua marca, ou as personas, já que nunca temos apenas um público para atingir. Fica difícil cruzar os perfis desejáveis com os cinco perfis que veremos a seguir, pois você vai ver como chegar a cada um. Entretanto o perfil da persona que você vai criar, fatalmente, será o mesmo que, na metodologia "perfis desejáveis", nós chamamos de "Roda Girar", pois as marcas se comunicam mais com quem gera mais dinheiro — porém, isso não impede que, dentro de uma estratégia bem orquestrada, a persona de uma campanha específica possa ser o "Sonho" ou a "Tendência", por exemplo. Essa decisão vai ao encontro do momento em que a marca se encontra e com quem ela precisa falar.

Existem cinco perfis de comportamento de consumo, que são os mais básicos, que Kotler define muito bem em seu livro *Administração em Marketing*, um clássico que todo profissional precisa ter em sua prateleira.

O lado ruim dessa definição de Kotler é que uma pessoa pode ter um ou os cinco perfis, dependendo do momento de compra do produto. O Brand Canvas ajuda a ter a mensagem certa para esses perfis, mas antes é preciso entender os perfis com muita calma. Kotler define os perfis como: **Iniciador, Influenciador, Decisor, Comprador e Usuário**.

Basicamente, cada um representa muito bem o que a palavra que os define aponta. Iniciador é aquele que inicia o processo de compra. Influenciador é aquele cuja opinião importa muito para quem está no papel de Decisor, ou seja, quem vai tomar a decisão ou quem vai efetivamente comprar. Por fim, usuário é quem usa o produto, e não necessariamente é quem o compra, por exemplo, um estojo de canetinhas que comprei recentemente para a minha linda e querida filha, Fernanda.

Eu sempre uso um exemplo em sala de aula que vou reproduzir aqui, pois acho que esclarece por que uma pessoa pode ser um ou os cinco perfis do Kotler: suponhamos que eu, Felipe, vá até uma loja da Montblanc e queira comprar a caneta Rollerball Meisterstück Solitaire Doué Blue Hour Classique, que custa em torno de 6,7 mil reais. Por ser casado com a Maya, jamais compraria um objeto desse valor sem a presença da minha querida esposa.

Eu cheguei à loja e vi a caneta — na verdade, já a tinha visto algumas vezes na mesma loja, já tinha "namorado" a caneta por algumas semanas, pensando no pagamento de um projeto que estávamos fazendo na FM CONSULTORIA, que me renderia um dinheiro extra para poder comprá-la. Nesse momento, eu sou o Iniciador.

A Maya vai comigo à loja e acha a caneta linda, sabe que é cara, mas entende que aquele é meu sonho, já me ouviu falar daquele modelo de caneta uma centena de vezes, e que eu trabalhei muito no projeto que me deu esse dinheiro extra. Ela então começa a me convencer de que eu mereço a caneta, fala coisas que eu só preciso ouvir para confirmar a compra. A Maya é influenciadora.

CRIANDO PERSONAS

Entramos na loja, eu peço ao vendedor para ver a caneta. Ele a traz e, junto, um papel para que eu teste a caneta. Escrevo com ela, vejo seu peso, analiso o preço novamente. Olho outros modelos, mas a minha paixão está naquele corpo azul e prata. Imagino as situações em que vou usá-la, nas reuniões que tenho que fazer, e com quem as farei, e tomo a decisão de comprar. A Maya me apoia na decisão. Ambos somos decisores.

Pego a caneta, entrego o cartão de crédito ao vendedor da Montblanc. Ele a pega da minha mão, passa meu cartão, me entrega a caixa da caneta, nós a guardamos; saio da loja feliz da vida com a aquisição e me torno nesse momento o comprador. Estou no êxtase da compra, mas em breve eu vou refletir um pouco mais sobre essa aquisição e talvez eu não use o produto como pensei que usaria no momento da euforia da compra.

Chego em casa e começo a pensar que eu fico muito tempo na rua, entre uma reunião e outra. Eu uso muito mais o metrô do que carro, logo, posso ser assaltado e roubarem a caneta, que não tem seguro, ou seja, posso, em um minuto perder um investimento de quase 7 mil reais!

Pensando nisso, decido que só vou usá-la em reuniões muito pontuais e nas mais importantes, e que por isso eu vou deixar a caneta em casa, na minha gaveta do escritório e quando estiver trabalhando de casa vou usá-la o máximo que der, afinal, para o dia a dia, a velha e boa BIC resolve meu problema. Entretanto há um agravante, a Maya trabalha de casa, ela tem uma consultoria de e-commerce de muito sucesso e ela amou a caneta, afinal, ela usou alguns recursos para me convencer a comprar a caneta.

A Maya vai até o nosso escritório e vê a Montblanc ali, em cima da mesa. Ela decide então começar a usar, já que eu não a usarei com a mesma frequência que imaginei: a Maya se torna a Usuária.

Com esses dados em mãos, passamos agora para uma outra metodologia de criação de personas que usamos muito na FM CONSULTORIA. Aqui, vale ressaltar que tem muito do que aprendi nos cursos e no livro do meu grande amigo Rafael Rez, sem dúvida o maior nome do marketing de conteúdo do Brasil. Esse é fera, comece a segui-lo no Instagram, e é obrigatório ter o livro dele, *Marketing de Conteúdo* (DVS Editora), ao seu lado, na mesa da empresa, e consultá-lo todo santo dia.

Nessa metodologia, levantamos dez pontos para achar o perfil ideal da(s) persona(s) de uma marca. São perguntas que você conseguirá responder, depois de muitas pesquisas. Os seis perfis de consumo atrelados aos perfis desejáveis vão ajudá-lo a ter dados e informações para responder a essa lista de questões, dentro de dez pontos, para achar o perfil ideal.

BRAND CANVAS

Como levantamos essas informações?

Primeiro, você deve conversar com o maior número de pessoas possível dentro de um perfil e público. Todas as marcas têm, mesmo que de forma rasa, um perfil. São nessas conversas que você pega elementos que vão montando sua persona.

Segundo, você deve juntar esses elementos para ir respondendo às questões abaixo. Em cada um dos dez perfis, há uma série de questões a serem respondidas. Elas estão em negrito, ao lado do ponto principal.

Por fim, você deve criar um texto com tudo o que levantou. Colocar uma foto, mesmo que de banco de imagens, que represente essa persona é o ideal.

NOME: Idade, Cidade, Profissão, Status de Relacionamento

A persona é um personagem, logo ele tem um nome. Ninguém tem entre 35 e 40 anos, as pessoas têm uma idade. Esse é o primeiro passo para você montar a sua persona. Eu vou, ao longo desses dez passos, criar uma persona para você entender como ficaria o processo.

O Miguel tem 20 anos, mora em São Paulo, é engenheiro civil e namora a Giuliana. Ele mora com os pais, Weder e Ana Beatriz, e tem um irmão mais velho, João Lucas, que atualmente mora em Nova York, onde faz um mestrado em cinema e trabalha em uma produtora de filmes na cidade.

PERFIL PESSOAL: *Onde e com o que trabalha? Faixa salarial? Classe social? Desejos e anseios? Filhos? Valores pessoais? Preocupações? Habilidades pessoais? Atividades diárias?*

O Miguel é seu personagem, então responda tudo isso sobre ele, sempre. É preciso, por meio de pesquisas, achar esses pontos e eles são importantes, pois você está criando um personagem e ele precisa ter vida!

O Miguel trabalha na Tecnisa, ganha 1,2 mil reais por mês como estagiário. Ele estuda na USP, mas quer ser um grande engenheiro. Miguel é trabalhador e muito sonhador. Ele gosta das coisas certas e está sempre querendo ajudar as pessoas, se preocupa com seu futuro e já pensa em qual pós fará.

Ele é um cara mais sério, gosta de ir para a academia todos os dias e tem uma alimentação mais saudável, come pouca carne e muita salada e grelhados.

MOTIVAÇÕES: *O que o motiva a comprar? O que ensina? Do que gosta? O que lê? O que consome? Quais suas necessidades? Quais suas expectativas de vida?*

O que move seu consumidor é o que precisa ser colocado aqui. Lembre-se, o Miguel é apenas a síntese de todas as pesquisas que você está fazendo de perfil de público.

O Miguel gosta de se vestir bem, está sempre de calça jeans, camisa e sapato. No frio coloca um blazer, gasta quase 40% do salário em roupas. Ele é o melhor aluno da sala, é uma referência e está sempre ajudando os amigos. Miguel torce para o São Paulo, gosta de assistir aos jogos com o pai, avós e tios. Ele lê livros de engenharia, mas gosta de ficção científica também.

Miguel é um fã de Spotify, no qual ouve rock o dia inteiro. Gosta de Instagram e YouTube, e vê muitos vídeos sobre engenharia. Miguel quer mudar logo da casa dos pais, sonha em morar em um apartamento só seu, quer casar com a namorada e ter dois filhos.

SONHOS: *O que busca? Com o que sonha? Como a marca traduz o sonho?*

As pessoas têm sonhos. Para entendê-las, é preciso saber o que as pessoas sonham e desejam; além disso, esse ponto torna a persona mais humanizada.

Ele busca casar com Giuliana, quer ter dois filhos, e o que mais? Miguel pode querer ter um Audi e uma casa na praia. Ele sonha em conhecer Barcelona, Londres e Tóquio. Miguel gosta muito da Audi como marca e entende que ela está presente em muitos países, é uma marca que lhe agrada muito, além de ter carros com estilo e potência.

OBJETIVO: *Vida? Profissão? Relacionamento? Aposentadoria?*

O que o consumidor busca na vida, no agora ou no futuro? Onde ele sonha em trabalhar e por quê? Como ele planeja a sua vida?

Miguel sempre quis trabalhar na Tecnisa, por ver as campanhas da marca e produtos; sempre a achou interessante e um dos seus professores na USP trabalha na empresa. Ele tem esse professor como referência de quem quer ser. Miguel não se vê trabalhando o resto da vida na Tecnisa, ele tem o desejo de ter a própria empresa um dia — quem sabe, uma concorrente da Tecnisa?

MARCAS: *Qual mais consome? Qual deseja? Qual inspira? De qual não gosta?*

As marcas com que as pessoas sonham, das quais gostam e que usam podem não ser as marcas com as quais você está trabalhando, e OK, porém é preciso entender quais são e estudar os elementos e apelos dessa marca, que possam ser usados para as campanhas da sua marca. Por exemplo, seu consumidor pode amar a Netflix e você descobrir que

BRAND CANVAS

a linguagem bem-humorada da marca é o diferencial. Será que ela cabe para a sua marca?

Miguel gosta da Crawford como marca de moda, é a que mais usa no dia a dia no trabalho. No fim de semana, ele está mais leve e acaba usando Zara e Renner, porém seu sonho é ter roupas da Vila Romana e Brooksfield para trabalhar. Apple é seu desejo, se pudesse teria todos os produtos, mas, por ora, tem apenas seu iPhone 10.

Ele gosta de óculos da Ray-Ban, tem um da linha da Ferrari, e usa um relógio da Armani que ganhou de aniversário do pai. Usa sapato da Zara e Mr. Cat, mas no fim de semana usa Nike, Adidas ou Mizuno. Gosta de Havaianas para relaxar, toma Pepsi e, raramente, uma Heineken, para acompanhar a mãe. Fã do Madero, passa horas jogando videogame no PlayStation 4 que ganhou de aniversário da Giuliana. Miguel tem uma Mitsubishi Pajero TR4 2016 verde, que os pais lhe deram quando ele entrou na faculdade.

Além da Audi, Miguel sonha em ter um Macbook Pro de 15 polegadas, mas é um produto de 20 mil reais, que ele sempre namora ao lado de um iPad de 9 mil reais quando vai à loja da Apple no Shopping Morumbi. Miguel se inspira na China State Construction e na Daiwa House do Japão. No Brasil, a JHSF, Vitacon e Cyrela são referências, mas ele não gosta da MRV.

MÍDIA: *O que lê? O que ouve? O que vê? Como a internet está na sua vida? Como usa smartphone? É adepto de apps?*

Saber o que seu consumidor consome de mídia é importante para saber onde os esforços de mídia serão mais usados, por exemplo, se o consumidor lê mais o UOL do que o IG, se ele passa mais tempo no Instagram do que no Facebook, se ouve mais Spotify do que vê vídeos no YouTube, tudo isso é um enorme direcionamento para as campanhas.

Miguel nasceu na geração conectada, ele não conhece a vida sem smartphone, tablet ou smart TV. Está sempre conectado. Ele gosta de ler o UOL, principalmente as notícias do mercado imobiliário e sobre o seu São Paulo; pouco lê sobre entretenimento, mesmo gostando muito de música. Ele ouve Spotify, no qual ouve, na maioria, rock, mas também alguns podcasts. Gosta muito do Ticaracaticast, dos humoristas Carioca e Bola, e ouve também o podcast do Flow, principalmente quando está no carro indo para a faculdade ou trabalho.

Miguel está conectado 24h por dia, sendo o Spotify e o YouTube os canais principais. Ele tem um iPhone 10 que não troca por nada, é um entusiasta da Apple. Usa muito iFood e Uber, por mais que tenha carro, nem sempre quer dirigir ou, no rodízio, prefere ir de Uber até a empresa. No fim de semana, dependendo de onde ele e Giuliana vão, ele deixa o carro na casa dela e eles saem de Uber. Ele assiste à Netflix mais pelo seu notebook da Lenovo do que pela TV, mas quando está com a Giuliana, eles assistem pela smart TV que ele tem no quarto.

NECESSIDADE: *Do que pessoa precisa? Por que necessita? Qual é a expectativa de consumo?*

As pessoas compram o tempo inteiro, mas o que as faz comprar? Essa é a resposta-chave para o sucesso da sua marca.

Miguel não é um grande consumista, mas ele sabe que precisa estar sempre bem alinhado na empresa, onde todos trabalham de terno e gravata. Mesmo quando vai visitar obras, ele precisa estar alinhado, isso é tão importante para a sua carreira quanto o seu conhecimento. Ele gosta muito de ler, consome muitos livros da área, normalmente impressos, pois não gosta muito de ler no notebook.

Ele tem uma série de marcas que sonha em poder consumir, mas o dinheiro ainda não dá. Por isso, ele pede para o irmão trazer dos EUA, quando este vem passar uns dias no Brasil, por ser mais barato.

PROBLEMAS: *Quais enfrenta e o que espera que a marca/produto/serviço resolva?*

Marcas não vendem mais produtos, mas sim solução de problemas para seus consumidores.

Miguel é um fã da Audi. Ele sabe que esse carro lhe dará um novo status na empresa, mas ele não pode simplesmente trocar a sua TR4 por um Audi 2002, isso vai denegrir a sua imagem. Ele sabe que, quando puder comprar um Audi A3, seu sonho, ele terá um outro status; por ora, ele está focando a carreira e pensando no MBA que fará na área.

CURVA TECNOLOGIA: *Inovadores, primeiros adeptos, maioria inicial, maioria tardia, retardatários*

Nesse momento, usamos o estudo do sociólogo Everett M. "Ev" Rogers e sua famosa curva de difusão de inovações, na qual ele aponta que 2,5% das pessoas são os **inovadores**, aqueles que, quando sai uma nova tecnologia, saem correndo para comprá-la, ou seja, o pessoal que passa 14 horas na fila da Apple Store de Nova York apenas para ser o primeiro a ter o novo iPhone, sendo que, se comprasse dois dias depois, não ficaria nem 15 minutos na fila.

Os **adotantes iniciais** representam 13,5% das pessoas, são os que vão comprar o iPhone entre a primeira e a quarta semana depois do lançamento, são ávidos por tecnologia, mas não a ponto de ficar 14 horas em uma fila.

BRAND CANVAS

A **maioria inicial** vai comprar o iPhone, mas não com tanta pressa, representa 34% das pessoas, mesmo percentual da **maioria tardia**, que vai levar pelo menos seis meses para comprar o iPhone ou, quando lançar o iPhone 15, vão comprar o 12.

Por fim, representando 16% das pessoas, estão os **retardatários**, que, no lançamento do iPhone 15, vão olhar o seu iPhone 10 e se mostrar satisfeitos.

O Miguel é da maioria inicial. Ele é ávido por tecnologia, mas nem sempre o dinheiro permite que ele compre a inovação no momento em que ela é lançada. Ele gosta da Apple, tem o seu celular, mas está sempre buscando as novidades da marca; ele entende que isso faz a diferença, já que está rodeado por pessoas com Apple Watch no braço e iPads de última geração nas mãos.

Perceba que, para cada um dos dez itens, eu fiz um pequeno texto, até sendo inspirado pelo meu sobrinho Miguel, hoje com dois anos de idade, mas que em breve pode ser esse Miguel que eu desenhei. Obviamente, todas as informações citadas são inventadas, mas você conseguiu entender como criar a persona.

Agora, para apresentar, basta que você una cada um desses pequenos textos em um texto único, sendo um roteiro da sua persona. Pode seguir a mesma ordem que foi mostrada, pois ajuda a construir a sua persona.

E se você tem mais de uma persona?

Meu conselho é criar essa metodologia para cada um dos perfis, mas se não tiver como, eleja o perfil que faz a Roda Girar, o dos consumidores, e crie pelo menos esse. Para os outros, veja o tamanho dos esforços necessários e tome a sua decisão.

BRAND CANVAS

PROPÓSITO Por que a marca existe?

MISSÃO
Por que a empresa faz o que faz?

VISÃO
Qual futuro a empresa espera?

VALORES
O que rege a empresa?

PALAVRA MÁGICA
Palavra que resume o que a empresa é

PALAVRAS-CHAVE
Crie uma lista de no máximo 10 palavras-chave que representem a empresa e sejam interessantes para serem usadas na comunicação. Podem ser diferenciais de produto, valores, propósito, missão ou conceitos.

PROPOSTA VALOR
O que, como, por que e onde a empresa entrega o que o consumidor espera?

MENSAGEM PRINCIPAL
Pode ser o slogan da empresa ou a imagem. Pode ser o Unique Selling Proposition. É a frase que a empresa precisa que o consumidor entenda o que ela é e oferece.

ATRIBUTOS EMOCIONAIS
Quais os aspectos de marca, produto ou serviço que vão atingir o coração do consumidor?

ATRIBUTOS RACIONAIS
Quais os aspectos de marca, produto ou serviço que vão atingir o cérebro do consumidor?

DNA MARCA
Em quê a marca é única?

CULTURA
Elencar o conjunto de elementos como crenças, valores e normas, que influenciam o clima da empresa

HISTÓRIA
Surgimento da empresa, propósito do fundador, melhores feitos e fatos interessantes.

DIFERENCIAIS DO PRODUTO
Qual é o diferencial do produto frente à concorrência que pode ser o apelo central para a decisão de compra?

INICIE SEU BRAND CANVAS

A partir de agora, você vai entender como montar essa metodologia. Nos próximos capítulos, vamos ver o passo a passo para preencher cada ponto do Brand Canvas, conforme o quadro. Já falamos, e reforço, o Brand Canvas é uma metodologia que une os 5Ps de Branding com o Canvas, por isso, o esquema dele é muito parecido com o Canvas, e a metodologia, preencher cada um dos espaços, também é parecida.

Não há uma ordem certa para preencher essa planilha, o importante é preencher tudo. Vou colocar uma sequência, mais como forma de organizar esta explicação, mas não é necessário segui-la. Reforço que você preencha a planilha inteira após muita pesquisa, estudo e análises, sem sair colocando qualquer informação nela.

Quando você não estuda e pesquisa sobre dados da sua empresa, mercado e concorrência, usando, por exemplo, os passos 1 e 2 da metodologia dos 5Ps de Branding, quando você preenche essa planilha com dados que você imagina, as chances de o Brand Canvas dar errado é enorme, pois você está preenchendo o que você deseja que a empresa seja, e não o que ela é. Desejar o que a empresa será é um grande passo, mas, como já disse aqui e repito, uma das maiores teorias do branding é *"as marcas não são o que elas falam, as marcas são o que as pessoas falam dela"*, o que vai ao encontro da famosa frase do Jeff Bezos, fundador da Amazon, que diz *"marcas são o que as pessoas falam quando você sai da sala".*

Tenha, sim, um norte para seguir, muito do que as empresas são é o espelho dos fundadores, mas cruze isso com o que as pessoas esperam, e o sucesso virá mais rápido.

CAVE SEU PROPÓSITO

Já vou começar com uma "porrada" do mestre Jaime Troiano: *"marcas sem propósito são marcas sem alma"*. eu poderia ter acabado o capítulo aqui, mas vou aprofundar sobre o tema. Contudo, você concorda com a frase de Troiano? Se não, eu tenho certeza de que no fim deste capítulo você vai concordar.

O primeiro passo a entender é que propósito não se cria, ele já existe dentro da empresa, e você, como estrategista de marca, só precisa escavar até encontrar. É quase como um filme do Indiana Jones, mas na vida real, e isso fará muita diferença no dia a dia das empresas, uma vez que as pessoas estão colocando o propósito de marca na balança no momento de ponderar a decisão de compra da marca A ou B. Se o propósito da sua marca é vender ou ganhar dinheiro, você jamais terá uma fidelidade de consumidor, e a sua marca será trocada por qualquer outra por um preço mais barato, um atendimento um pouco melhor ou por um perfil mais "fofo" no Instagram.

Um dos maiores nomes desse conceito, Joey Reiman, em seu livro *Propósito*, apresenta estudos e conceitos sobre o tema, e segundo ele *"o propósito tem a força para influenciar o modelo de negócios da empresa, provocando a mudança para atender os interesses das pessoas"*. E uma coisa posso dizer: propósito bem claro é dinheiro na mesa, e não apenas uma frase bonita na parede da sala de reunião que ninguém lê. O propósito de marca é um norte, capaz de unificar consumidores e toda a cultura organizacional na conquista de um objetivo maior. Missão, visão, valores, filosofia e cultura da empresa são pilares para construção do propósito, porém, sem que ele esteja inserido na mente dos colaboradores, serão apenas frases bonitas.

Certa vez, um CEO de uma grande empresa chegou bem cedo à sede e trocou todos os quadros em que estavam estampados as frases de missão, visão, valores, filosofia e cultura por trechos de músicas brasileiras, mas manteve o layout do quadro, com a moldura branca, o fundo branco e a mesma tipologia que escrevia sobre a empresa, substituindo apenas o conteúdo. Passaram-se três meses, ele convocou uma reunião. Pediu para que as pessoas citassem quais eram os conceitos que regiam missão, visão, valores, filosofia e cultura da empresa. Ninguém conseguiu falar as frases ao certo. Ele, então, contou o que tinha feito, e foi um momento constrangedor. A partir daí, ele traçou um plano com o RH para que esses conceitos fossem aplicados no dia a dia da empresa. O propósito é uma soma desses conceitos, mas, sem que os colaboradores comprem a ideia, ele será um eterno quadro bonito nas paredes da empresa.

Segundo uma pesquisa de julho de 2021, feita pela Accenture Strategy, cerca de *"83% dos consumidores brasileiros preferem comprar produtos de empresas que defendem propósitos alinhados aos seus valores de vida, esses consumidores acabam dispensando marcas que preferem se manter neutras"*. Não sei para você, mas 83% é um número bem alto para deixar algo tão importante de lado, concorda? Isso ocorre porque as pessoas querem comprar das marcas por meio das quais possam se expressar usando seus produtos e serviços, compartilhando, assim, seus valores. Do mesmo modo, querem trabalhar para empresas que se posicionem e apoiem suas ideologias, ou seja, marcas que tenham um propósito claro e muito bem comunicado.

Já para Rich Karlgaard, editor-chefe da *Forbes*, uma das principais e mais respeitadas revistas de negócio do mundo, "as empresas movidas por propósitos tem uma vantagem competitiva enorme; funcionários estão sedentos por um propósito", afinal é um guia para o futuro. As pessoas estão acostumadas a serem lideradas, estão sempre em busca de algo que as guie para uma direção. Dentro da empresa, a missão do propósito é essa.

Uma frase para você entender mais sobre propósito, dita pelo consultor Simon Sinek, é *"as pessoas não compram o que você faz, mas o porquê você faz"*. Pense nisso com muito carinho para entender por que propósito é importante para a sua empresa.

A Apple e o propósito do sucesso

Quando o tema propósito vem à tona, a Apple se torna o exemplo maior, pois a marca soube como poucas apostar nisso como sucesso. Para quem leu o livro *Comece pelo Por Quê*, de Simon Sinek, viu que o consultor de marketing usa muito a Apple para explicar a sua teoria no livro, afinal, não é à toa que a marca é uma das mais respeitadas e desejadas do mundo. Jobs entendeu muito além da venda, ele entendeu o marketing na sua essência e levou isso para dentro da empresa. Jobs nunca vendeu um notebook ou um smartphone, ele vendeu o sonho de mudar o mundo, de quebrar barreiras e de ser uma pessoa diferente frente à sociedade. E, para isso, você precisava de um dos seus produtos.

Propósito de marca, que está ligado à metodologia 5Ps de Branding, da FM CONSULTORIA, não é algo tão novo no marketing, porém, há pouco tempo, as empresas começaram a olhar com carinho para isso, algo que Jobs olhou. A sua Apple só conseguiu mudar o mundo porque foi construída com um propósito verdadeiro que estava no DNA da empresa e, consequentemente, estava dentro do DNA de cada membro da equipe.

O líder carismático que Jobs era conseguiu infectar cada um dos colaboradores com essa missão, e isso, de forma muito clara, objetiva e criativa, foi passado à frente. Anos antes, quando a icônica campanha de 1984 foi lançada ao mercado, a Apple já mostrava a que vinha. Um comercial em que todos se vestiam iguais a um orador, que ditava as regras, o que poderia ser uma alusão à IBM ou à Microsoft. Tudo sem cor, todos sentados olhando as ordens na tela. De repente, uma mulher loira surge, vestindo roupas coloridas, joga um martelo e destrói o painel em que a mensagem está sendo passada, mostrando que ela estava ali para causar algo novo, que era para ser diferente. Na época, o slogan clássico da Apple, "Think Different", ainda não existia, mas a marca já pensava assim.

Montar computador, qualquer marca faz

A Apple nunca foi uma empresa que queria montar computadores mais rápidos ou mais bonitos. Isso qualquer outra empresa poderia fazer. A Apple surgiu para quebrar paradigmas e facilitar a vida das pessoas. Ela tem o porquê dela — dentro da metodologia do Golden Circle — muito bem definido e, não à toa, conseguiu chegar ao lugar de destaque que ocupa hoje.

Durante um encontro da Apple, em 1997, Steve Jobs anunciou a campanha de marketing "Think Different" (Pense Diferente), para reconquistar o público interno e externo da empresa. Quando ele e a agência pensaram o slogan, estava claro o que a empresa queria transmitir. Conseguiram, de forma resumida, direta e clara, passar todos os conceitos que constroem a Apple: *"Para mim, marketing é sobre valores. Em um mundo muito barulhento, nós não teremos a chance de fazer com que as pessoas se lembrem da gente. Por isso, temos que ser muito claros sobre o que queremos que eles saibam sobre a gente".*

A inspiração para a construção de um dos melhores posicionamentos de marca da história

Veio da inspiração de outro dos grandes exemplos. "Pense diferente" da Apple soa tão forte como o "Apenas faça" da Nike, entretanto o que Jobs aqui quis passar é que a Nike não está criando campanhas maravilhosas para falar do seu novo lançamento de tênis ou que eles fazem as pessoas correr mais rápido. A Nike cria o universo da marca e o convida a estar dentro. Na FM CONSULTORIA, a Nike é sempre um exemplo nos benchmarks de redes sociais.

> "A Apple é uma das seis melhores marcas do mundo, e mesmo marcas do tamanho da Apple precisam de investimento e cuidado para manter relevância e vitalidade. Por anos, a Apple deixou isso de lado, mas para resgatar não é falando que somos melhores que o Windows ou mais rápidos que outras marcas. Um dos melhores trabalhos de marketing que o mundo viu é a Nike. Eles vendem commodities, sapatos, mas quando as pessoas pensam em Nike, sentem algo diferente pela empresa. Eles nunca falam de produto nas propagandas, não citam que são melhores que a concorrência. Eles apenas honram grandes atletas e grandes esportes e é isso o que eles são".

Quando Jobs diz que eles "honram grandes atletas e grandes esportes", mostra o propósito da Nike aflorando. Phil Knight, CEO da marca, não quer vender tênis, camisetas ou meias. Ele quer mudar o mundo por meio do esporte, mostrando que qualquer pessoa pode se exercitar, sem precisar ser o Michael Jordan, Romário ou Tiger Woods. Esses são (ou eram) garotos-propaganda da marca para dar seu aval ao produto, para testar e para ajudar a divulgar a marca mundialmente quando vencem competições.

Produtos tangibilizam a mensagem

Os produtos são o que tangibilizam. As pessoas têm um iPhone para mostrar que aderiam ao movimento, têm um Macbook Pro para mostrar que acreditam na mensagem, compram o iPad para gritar ao mundo que querem ser diferentes. Esse movimento faz da Apple a empresa diferenciada que ela é.

> "Por isso, em nossa próxima campanha, vamos voltar àqueles valores centrais, o mercado mudou, a Apple mudou, mas os valores centrais nunca devem mudar. O que acreditávamos no começo da empresa são as mesmas coisas em que acreditamos hoje. Nós celebramos, nessa campanha, as pessoas que mudaram o mundo, aqueles que nunca usaram um computador, mas se o fizessem, seria um Mac. O tema da campanha Think Diffent honra as pessoas que um dia pensaram diferente pois sabiam do potencial desse mundo, e o que toca a alma da Apple é saber disso".

Apple, o propósito do sucesso

Dessa forma, Jobs apresenta o primeiro filme com o novo posicionamento, pense diferente, em que pessoas que mudaram o mundo aparecem, como Albert Einstein, Thomas Edison, Martha Graham, Bob Dylan, Pablo Picasso, John Lennon, Maria Callas, Charlie Chaplin, Martin Luther King, Muhammad Ali, Mahatma Gandhi e Amelia Earhart. Quando o visionário Jobs diz que tudo mudou, e ele entrega algo assim, prova que ele não apenas era atento às mudanças do mundo, mas também queria fazer parte, entender os movimentos e liderar na sua área.

E foi o que ele fez. A Apple não é a marca de computadores, smartphones, smartwatches ou tablets mais vendida do mundo. A Apple tem concorrentes de peso, como Samsung e Dell, porém nenhuma das marcas que concorrem com a Apple, por mais gigantes que sejam, tem o carisma de Jobs, que consequentemente passou para a Apple; nenhuma é tão desejada como a empresa criada pelo visionário. Não à toa, foi a primeira marca a passar do trilhão de dólares em valor de marca.

Por que ter um propósito?

Com a palavra, Joey Reiman, o maior nome do propósito no mundo, que descreve isto em seu livro *O Propósito*, o qual indico ler para saber mais desse que está se tornando um conceito fundamental no dia a dia das empresas.

"Na gênese de toda organização é uma fagulha, acesa pelos fundadores da empresa, a chama pode iluminar o caminho a ser trilhado. É o ponto de partida e a pedra fundamental para a descoberta do Propósito, da direção da organização. Se isso for encontrado, o resto fluirá naturalmente. Não compramos simplesmente um produto, aderimos a uma ideia, uma vez que simboliza algo maior. As pessoas não são motivadas por resultados. Tudo se resume ao fator humano — e o propósito é a força por trás disso. É o que mexe com nossas almas e nos inspira a fazer grandes coisas por longos períodos de tempo. É construído com pessoas e não com consumidores".

Em um capítulo posterior, falaremos sobre a cultura da empresa, que tem um papel importante na construção do propósito e, consequentemente, no posicionamento e fortalecimento de uma marca. Cultura não é o que você faz, e sim o que você já fez. A cultura cria vitalidade. Ela é composta das crenças compartilhadas de uma organização, algo que está muito alinhado ao que o propósito da marca é.

Como cavar o propósito?

Não é nenhum bicho de sete cabeças. O propósito já está na empresa, ele já é a razão de a marca existir. Basta ir pelos caminhos certos para descobrir, assim como a palavra mágica, esse propósito que está escondido em algum lugar. Não precisa ser o Indiana Jones para descobri-lo (e o mesmo vale para a palavra mágica), mas é preciso saber como chegar a esse caminho da forma mais assertiva possível: pesquisa!

O passo fundamental para chegar ao propósito, você viu no passo 1 da metodologia 5Ps de Branding, que chamamos de Razão da Marca. Lá, você deve conversar com o fundador da empresa para saber por que ele a criou ou, caso ele, ou ela, não esteja mais entre nós, conversar com pessoas que sempre foram muito próximas para entender. Será que, um dia, uma pessoa levantou da cama, olhou no espelho enquanto escovava os dentes e disse "Quer saber? Vou criar uma empresa…"? O propósito jamais é "ganhar dinheiro", isso é consequência, não propósito de uma empresa.

A busca por significado, por encontrar um propósito para nossas vidas, é uma das principais buscas da humanidade. E, para que uma organização tenha sucesso a longo prazo, é essencial que se conecte com essa necessidade e busque encontrar seu modo único de contribuir com o mundo. Por isso, para que seja efetivo, um propósito precisa ser autêntico, relevante, realizável, diferenciador e, o mais importante, inspirar igualmente consumidores e colaboradores.

Nesse momento você deve buscar na história da empresa, suas heranças e raízes, ou seja, a razão de existir e por que a marca vai mudar o mundo. No que e por que a marca é a melhor. Quais as forças que a marca tem e as paixões do mundo que ela propagará. O propósito humaniza a marca.

Simon Sinek criou o famoso Golden Circle, que é fundamental para entender o que é e como cavar o propósito. Há um vídeo no YouTube chamado "Como os grandes líderes inspiram ação", de Simon Sinek, no qual ele explica o passo a passo do Golden Circle, ou você também pode ler o livro *Comece pelo Por Quê*, de autoria dele, para entender mais sobre esse importante ponto para sua marca.

Parece que propósito é algo fácil de cavar, basta criar uma frase bonita e motivacional e pronto. Seria mais fácil comprar dois ou três livros de autoajuda e ler, para chegar a uma frase bacana e colocá-la no campo do Brand Canvas de "propósito", depois replicá-la na parede da sala de reunião em um bonito quadro, com uma fonte muito bem escolhida pelo designer da empresa e impressa em um papel especial. Então, a péssima notícia é que não é assim que se constroem propósitos sólidos e que realmente vão ao encontro do que a empresa precisa passar aos seus diversos públicos.

Como você vai ver no capítulo sobre palavra mágica, quando o resultado chega, parece fácil, mas, para chegar lá, a coisa é um pouco mais complexa. O meu São Paulo Futebol Clube, por muitos anos, teve Rogério Ceni como goleiro, que marcou 123 gols na carreira, de falta e de pênalti. Em fevereiro de 1997, quando ele bateu a sua primeira falta, o então técnico do São Paulo, Muricy Ramalho, autorizou que isso ocorresse, pois Rogério já tinha batido, em treinos, milhares de faltas. Fazer o gol foi consequência de um excelente trabalho, de muito treino e dedicação. Branding não foge muito disso.

Exemplos de propósito

> *"O propósito não nasce de uma sessão de brainstorm nem de uma sacada criativa, ele nasce da revelação da verdade que sempre pertenceu à empresa e talvez estivesse um tanto esquecida em baús antigos"*, Jaime Troiano.

Tesla: Acelerar a transição mundial para o transporte sustentável.

Nike: Trazer inspiração e inovação para cada atleta do mundo. Se você tem um corpo, você é um atleta.

Google: Organizar a informação mundial e torná-la universalmente acessível e útil.

Coca-Cola: Refrescar o mundo e inspirar momentos de otimismo e felicidade.

Wallmart: Vender por menos para as pessoas viverem melhor.

Dove: Criar um mundo onde beleza seja uma fonte de confiança e não de ansiedade.

Red Bull: Revitalizar corpo e mente.

Segundo o site Elevon, *"Steve Jobs não instruía as pessoas a pensarem diferente, mas sim as incentivava a se questionarem continuamente: o que estou fazendo hoje para pensar diferente. Essa pergunta prática ajuda as pessoas a se conectarem com o propósito de marca de forma prática e as estimula a avaliarem o impacto que cada ação sua vai causar na realização deste".*

Para Jaime e Cecília Troiano, no livro *Qual o Seu Propósito*, esse tema é algo que leva a marca para um futuro que ela deseja ter: *"propósito concretiza a proposta de valor da marca. O tom de voz e a linguagem visual precisam refletir a essência da marca, trazer para o centro o que é importante para o publico-alvo, trazer para o centro desafios que impactam a sua capacidade em busca da realização de sonhos".*

E aí, o Troiano estava certo?

PALAVRA MÁGICA

A palavra mágica é uma palavra que resume tudo o que a empresa é e faz! Essa palavra é muito importante para o posicionamento da marca, veremos a seguir o quanto, mas antes vamos ver como chegar a ela.

Essa palavra é, como disse, um resumo da empresa. Se você perguntar o que é a Mercedes-Benz, talvez a resposta seja *tradição*; ao perguntar sobre a Tiffany a resposta poderá ser *elegância*. A Coca-Cola tende a remeter à *felicidade*. A Montblanc talvez seja *sofisticação*; e por aí vai.

Não sei ao certo se essas palavras resumem a marca, pelo menos para mim, sim, entretanto não sei se, no marketing de cada uma dessas empresas, essas são as palavras que resumem as marcas citadas, mas acredito que sim.

Na FM CONSULTORIA, nós criamos a metodologia dos 5Ps de Branding na qual a palavra mágica é uma das metodologias presentes, assim como o Brand Canvas. Essa palavra se origina na metodologia 11 Verdades da Marca, algo que definimos no capítulo sobre a metodologia dos 5Ps de Branding; portanto, agora vamos definir melhor o que é a palavra-chave, como descobri-la e como ela se torna importante no Brand Canvas.

Ao descobrir essa palavra, fica mais fácil criar o posicionamento, por isso, a palavra mágica é um dos primeiros campos a ser preenchido no quadro Brand Canvas, apresentado anteriormente. Mas repito que não há uma ordem certa para preencher a planilha do Canvas, apenas a preencha com muita pesquisa, estudo e análises e com a menor taxa de "achismos", por favor.

11 Verdades da Marca ajudam a achar essa palavra

Essa palavra, em nossa metodologia, tem a obrigação de estar no posicionamento de marca. O Brand Canvas não apenas é uma metodologia para criar a comunicação da sua marca, mas também ajuda a criar esse posicionamento, dando um reforço à metodologia 11 Verdades da Marca. Esta, por sua vez, é a principal para criar o posicionamento dentro do guarda-chuva que os 5Ps de Branding trazem.

Como dito, em nossa metodologia, a palavra mágica é descoberta, por isso ela precisa estar no posicionamento da marca. Se um dia — e seria um sonho — a Montblanc contratasse a FM CONSULTORIA para criar o novo posicionamento de marca, o posicionamento atual, "arte da escrita", seria substituído por alguma frase de posicionamento em que a palavra "sofisticação" estivesse na composição. Isso, é claro, se a palavra "sofisticação" fosse descoberta como a palavra mágica da marca.

Na Aposta1, por exemplo, fizemos todo o passo a passo dos 5Ps de Branding. Vale lembrar que foi fazendo esse projeto que criamos a metodologia do Brand Canvas. "Desafio" foi a palavra mágica descoberta em pesquisas, estudos e análises feitas dentro da empresa, com todas as pessoas ligadas à marca na época de seu lançamento.

Criamos um material chamado "Caminhos da marca", que resumia todo o processo dos 5Ps de Branding. Passamos esse material para que a Marília Carvalho, excelente redatora, pudesse escrever o slogan/posicionamento da Aposta1. Com o material em mãos, principalmente o Brand Canvas feito e estudado por ela, surgiram 32 ideias de slogans — e não estou exagerando não, abri novamente o arquivo para contar! Dentre os 32, nós selecionamos primeiramente 15 frases, e ficamos realmente na dúvida de qual seria a eleita. Nem todas as 32 frases tinham a palavra "desafio", mas a grande maioria a tinha, e esse foi o primeiro critério para reduzir de 32 para 15 frases.

Sentamos com o também brilhante Henrique Praxedes, nosso designer, e elegemos, das 15, apenas cinco para apresentar a todos os envolvidos da empresa, principalmente ao nosso CEO, Aldo Biagini, que nos deu uma liberdade enorme de criação, porém sempre exigiu que fosse tudo embasado e detalhado. Foi quase unânime a frase eleita, que hoje você pode ver nas campanhas de internet, rádio, tv, jornais entre outros meios: "O desafio que muda o jogo".

Pode parecer, agora uma frase simples, já que a palavra desafio precisava estar no slogan, que é o nosso posicionamento, e como o Aposta1 é um site de apostas e cassino online, pode ser que seja até simples de chegar a esse ponto, mas não é. Para ficar simples, é preciso que o processo deixe simples, por isso temos metodologias que nos ajudam nisso.

O Brand Canvas tem a missão de ser uma metodologia que deixe tudo o mais simples possível. Com esse mapa, ou planilha, chame como quiser — o qual você verá, passo a passo, como preencher —, você entenderá que a simplicidade é o mais complexo a se chegar no marketing, mas, quando chegamos a ela, conseguimos coisas sensacionais. "Just Do It" e "Think Different" são dois dos slogans mais simples do mundo, mas, para a Nike e a Apple chegarem a eles, foram anos de muitos estudos, metodologias, muita pesquisa e, é claro, muita divulgação para torná-los icônicos. Se "O desafio que muda o jogo" será icônico, só o tempo dirá, mas seria uma honra para todo o time do Aposta1 ter participado disso.

Assim como o propósito, a palavra mágica não se cria, se descobre. Ela já existe na empresa, afinal, é a palavra que resume o que ela é! Toda a empresa tem uma palavra mágica escondida dentro dela, não importa que seja a mesma de outras empresas, o que importa é como você faz as coisas acontecerem.

Existem centenas de marcas de empresas que vendem água gaseificada com corante e açúcar, mas só a Coca-Cola é Coca-Cola, concorda?

CULTURA EMPRESARIAL

Segundo o Blog da FIA, *"cultura empresarial ou organizacional é um termo que descreve a combinação entre atitudes, comportamentos, missão, valores e expectativas que movem as lideranças e os colaboradores de uma organização, diariamente. Ou seja, a cultura vai muito além de normas institucionais escritas, influenciando nas ações realizadas pelo time da empresa. Em outras palavras, de nada adianta ter regras presentes apenas no site ou em material institucional. Para que sejam parte da cultura empresarial, elas devem pautar a postura e as crenças dos indivíduos".*

Uma cultura de empresa precisa estar muito clara para quem nela trabalha. Cultura e propósito andam lado a lado e são pilares fundamentais para a construção de uma marca. Se você tem um logo sem branding, você tem apenas um desenho bonito na sua empresa, portanto, se quer ter uma marca de verdade, construa, diariamente, essa marca. Branding faz isso.

Existem vários tipos de culturas empresariais, mas a que acredito fazer mais sentido para os novos rumos do marketing são aquelas orientadas para pessoas. Cada vez mais, os profissionais de marketing e RH devem andar lado a lado na construção das marcas; o RH, com foco na construção da marca internamente, e o marketing, externamente. Porém, com o mesmo discurso e de forma coesa, não adianta o RH mandar um e-mail com uma linha de pensamento da marca para o time interno e alguém ver um post no Instagram da empresa dizendo algo totalmente contrário ao que se prega internamente, concorda?

"Precisam ser verdadeiras as culturas da empresa. Se apropriarem-se de causas da moda, soam falsas", segundo Jaime Troiano, e isso não é apenas externa, mas internamente também. A cultura é a verdade da empresa, tanto dentro como fora, por isso, sem uma verdade, nem o lado interno e muito menos o externo será impactado pelo porquê da empresa, que Simon Sinek difundiu no mercado.

Uma cultura voltada para pessoas tem como meta um ambiente que estimula a colaboração, o autogerenciamento e foca a qualidade de vida dos colaboradores. A cultura nasce de dentro para fora, não se esqueça disso, portanto é preciso que os colaboradores sejam os primeiros a aderir à ideia para, depois, ela ir para o externo. Logo, promover colaboração é ouvir as pessoas.

Os chefes estão morrendo e dando espaço para líderes, que são as pessoas que estão na liderança das áreas, mas que querem ouvir do estagiário ao vice-presidente como a empresa pode evoluir. Faz parte da cultura empresarial pensar na evolução dela de forma constante e diária.

Segundo o Sebrae, *"a cultura organizacional é responsável por reunir os hábitos, comportamentos, crenças, valores éticos e morais e as políticas internas e externas de uma empresa. Uma boa cultura pode motivar os funcionários e ajudá-los a crescer junto com o empreendimento, assim como uma cultura desorganizacional pode empurrar a empresa e os funcionários para problemas de produtividade na empresa".*

Crenças e valores são pilares de uma marca sólida e ajudam a construir o propósito da marca. Perceba como as coisas se conectam entre si. Por isso, o Brand Canvas surgiu para criar, através de uma planilha, um mapa que possa dar essa visão mais clara para os gestores e criar conexões. Tudo está interligado com um objetivo claro e único: fortalecer a marca com a qual você está trabalhando.

Culturas fortalecem marcas

Marcas bem-sucedidas começam com uma cultura organizacional forte, aceita e onipresente. O papel do RH aqui é tão ou mais importante do que o do marketing, que descobre a cultura, cria os pilares sólidos, mas é o RH que os implementa. A cultura vem de uma missão claramente articulada e vivenciada. Ou seja, temos mais uma conexão do Brand Canvas, que veremos a seguir, que é definir a missão da empresa, algo que você já fez nas 11 verdades de marca. Tudo está conectado e interligado, tem que ser assim, ou o discurso não será coeso.

"A cultura empresarial se forma a partir os hábitos que as pessoas adquirem ao trabalharem juntas, é sobre resolver problemas da empresa no seu dia a dia", diz Clemente Nóbrega em seu livro *Innovatrix*. E ele está certo, afinal, deve fazer parte de uma cultura empresarial, ainda mais a voltada aos colaboradores, que todos participem de tudo e a todo o momento. A cultura da empresa precisa ser clara e direta, e precisa ser executada dia após dia. Para mim, no primeiro dia de cada colaborador na empresa, seja o novo CEO ou um novo estagiário, o ideal seria ele, ou ela, estudar muito sobre a cultura da empresa, antes de fazer qualquer outra atividade.

A cultura organizacional para o crescimento da empresa é vital. Independentemente de qual dos tipos é o estilo principal, todos eles podem trazer excelentes resultados. Para uma rica formação cultural, crenças e ideologias diferentes devem ser respeitadas por todos. Quando bem formada, a cultura organizacional traz diversos benefícios, como:

- senso de direção no que tange às metas e às políticas de relacionamento;
- aumento da produtividade;
- diminuição de problemas;
- competitividade interna saudável e em prol dos verdadeiros interesses do negócio;
- melhora nos níveis de comprometimento e satisfação dos colaboradores.

Como consequência de todas essas vantagens, espera-se a conquista de melhores resultados e a chegada a posições mais elevadas no mercado. Sob uma visão geral, essa é a importância da cultura organizacional para o crescimento da empresa.

Em 2021, eu tive a oportunidade de fazer alguns cursos online, alguns pagos, outros gratuitos. Somei esse conhecimento às palestras online e aos podcasts do UOL e Meio e Mensagem, com grandes nomes do mercado. Em um deles, a grande Cristina Carvalho Pinto disse uma frase muito interessante sobre a cultura da empresa: *"o verdadeiro planejamento precisa trazer uma verdadeira cultura da empresa; às vezes, a doença está dentro da empresa. Planejamento começa na raiz e é a mãe da marca, que se expressa. As pessoas querem saber por que e como as marcas chegaram ao mundo".* Essa parte da história da marca é fundamental para uma decisão. Além disso, Cristina tem razão no fato de que, às vezes, o problema não está na comunicação, mas dentro da empresa, e o Brand Canvas é uma forma de criar um mapa para você enxergar esses problemas e traçar o melhor caminho para as marcas com as quais você trabalha.

"Cultura da empresa precisa ser martelada todos os dias nas campanhas internas e externas", segundo Walter Longo. E eu não posso discordar, afinal, sem isso, as pessoas se esquecem rapidamente dessa cultura e as comunicações internas e externas ficam confusas. Mais à frente, veremos sobre construção da mensagem, e você vai entender que, sem o mapa do Brand Canvas, poderá ser mais complicado incluir tudo o que estamos vendo sobre dados da marca. São muitos pontos a serem analisados quando se vai criar a linha criativa. Comunicação passa pela cultura da empresa, também, como tenho batido na tecla, e não é apenas post de Instagram.

DIFERENCIAIS DE PRODUTO

Você já parou na frente de um produto, por mais caro ou barato que seja, e pensou "por que eu deveria comprar esse produto?". Ou recebeu uma ligação de um call center qualquer oferecendo um serviço e se perguntou "tá, entendi, mas por que eu preciso disso?".

Milhares de pessoas fazem a mesma pergunta todos os dias a si mesmas quando se deparam com um produto ou serviço em um ponto de venda físico ou digital. Essas mesmas pessoas, diariamente, usam artifícios para se convencer de que o produto vai resolver seu problema naquele momento ou naquele período da sua vida.

Nossa vida é cheia de ciclos, quando acaba um, começa o outro. A nossa forma de consumir segue esses ciclos e vou te mostrar como usando carros como exemplo.

Vamos supor que o Henrique tenha acabado de fazer 18 anos. Seus pais prometeram um carro para ele. Henrique quer um carro moderno e jovem, um Renegade, da Jeep. Ele passou na USP, então ganhou o carro.

Henrique se formou em arquitetura e, durante a faculdade, curtiu demais o carro, mas, no último ano, começou a namorar a Vanessa e a coisa ficou séria. Henrique decide que precisa trocar o carro, mas agora quer um carro menos "da balada" e troca o Renegade por um Tiggo5, mantendo SUV, já que Vanessa adora esse modelo de carro, e ela tem uma Tucson.

Os anos passam, Henrique está muito bem, em uma empresa grande de arquitetura, e Vanessa também vai bem; eles querem se casar. Henrique vê que os gastos serão maiores e precisa de um carro mais barato e econômico, então compra um Ford KA, pois a sua mãe tem um e sempre fala bem.

Henrique casa com Vanessa e, depois de alguns anos, Leo nasce. Eles precisam de um carro maior, e Henrique compra um Honda Civic por causa do porta-malas.

Por que Henrique quis o Renegade e não um Compass? Por que o Tiggo5 e não um Chevrolet Cruze? Por que o Ford KA e não o Renault Kwid? São carros do mesmo modelo, preço e estilo, mas por que ele optou por um versus ao outro?

Porque Henrique sentiu, nas suas escolhas, que elas tinham diferenciais importantes para ele tomar a decisão de compra! Seja o preço, o design, o atendimento ou mesmo o poder da marca, de alguma forma, ele sentiu esses diferenciais na decisão de compra. Às vezes, o diferencial é a opinião de uma pessoa de sua inteira confiança, como a mãe que deu aval sobre o Ford KA.

BRAND CANVAS

Regra básica de diferenciais de produto, serviço ou marca: comunicação

Eu vejo muitos casos em que, na reunião de brief, os gestores da empresa enchem o peito para contar os diferenciais da sua marca, produto ou serviço. Basta um minuto no site, mais um minuto no Instagram e outro minuto no Facebook para ver que todo aquele discurso da sala de reunião nunca saiu daquela sala! Tudo aquilo que todos enchem o peito para falar nunca teve um único post na rede social; mas propaganda há aos montes nas plataformas. Na sequência, vem a dúvida cruel: "Agora não sei por que as minhas redes têm baixo engajamento e nunca vendemos nada por ali...". Será que, se colocar todo o texto de diferenciais, esses posts terão mais relevância?

Na minha visão, sim. Para vender, é preciso conquistar; para conquistar, é preciso entender as pessoas; para entender, é preciso conversar. Sem esse modelo, nunca sairá do lugar — mas os mesmos que falam que não vendem nas redes vetam posts que não sejam propaganda...

Quando você for preencher o mapa do Brand Canvas, seja o mais sucinto possível. Não encha de diferenciais, pois nem tudo é diferencial. Se a sua concorrência tem o mesmo diferencial que você, esse item já perdeu o direito de ser chamado de diferencial, concorda? Caso seu produto não tenha um grande diferencial, talvez a marca ou os serviços agregados sejam o diferencial.

Poderá haver casos em que o produto ou serviço não tenha grandes diferenciais. Meu conselho, nesse caso, é achar algum detalhe mais forte no produto, como preço e apostar nesse detalhe, criando um diferencial em cima disso. Preço nunca é diferencial, é verdade, pois as pessoas que vêm por preço se vão por preço. Não existe fidelidade de marca por preço, mas sim por valor; entretanto algum apelo precisa ser usado para se diferenciar da concorrência, então foque um, que pode ou não ser o preço, e crie em cima dele todo o diferencial de produto.

O modelo Brand Canvas ajudará você a ter uma visão mais completa de toda a marca. Esse ponto poderá ser alterado depois que o Brand Canvas lhe apontar caminhos quando todas as informações estão mapeadas e à sua frente.

Para incluir no mapa, como foi dito, traga poucos diferenciais, porém muito relevantes, que realmente as pessoas, tanto o público interno quanto o externo, entendam como diferenciais. O dono da marca sempre achará que seu produto é único e não tem concorrência, e essa é a visão dele, mas não condiz com a visão do mercado. Portanto, não embarque nessa, pois sempre há dois jovens, dentro de uma faculdade, criando um produto melhor e mais inovador que este, o qual o dono da marca acha ser único. O mundo muda muito rápido, e a tecnologia está aí para fazer esse mundo acelerar a uma velocidade nunca vista antes. E essa velocidade não para de aumentar, ano após ano.

PALAVRAS-CHAVE

Nesse momento do mapa, é importante separar no máximo dez palavras que sejam conceitos da marca. Elas podem, ou não, serem usadas em campanhas de Google, mas não é esse o objetivo, apesar de o termo ser igual. Aqui estamos falando de palavras-chave da marca como um todo, e não apenas de campanha de performance.

Essas palavras têm como objetivo ajudar na comunicação como um todo. São conceitos levantados ao longo das pesquisas que deverão orientar a sua comunicação, seja em post de redes sociais, seja em um anúncio na revista, um comercial na TV ou um banner na home de um grande portal.

Quando você tiver feito a metodologia das 11 Verdades da Marca, terá um mapa melhor da situação e poderá ter algumas palavras que farão sentido estar nesse campo da planilha. Outro ponto em que algumas palavras podem sair é nas pesquisas com públicos, principalmente nas conversas olho no olho; uma frase, uma palavra, um termo muito citado, tudo pode virar palavra-chave, desde que esteja alinhado com o que a marca representa.

Achar as palavras-chave da marca, se você fez o passo a passo da metodologia dos 5Ps de Branding até aqui, será mais fácil do que se imagina. Elas estão lá, basta fazer um pente fino em todo o processo para achá-las. Não estranhe se aparecerem 20 ou 30 palavras; isso pode até ser bom, e o time de criação poderá querer usá-las para textos, e o de mídia para campanhas de performance. Caso queira, você pode criar um documento com todas e enviar para eles, mas, para si, selecione no máximo dez.

Essas dez palavras-chaves precisam contar a história da marca, a fim de compor o roteiro da história que está começando a ser contada, a partir do momento em que todos os estudos dos 5PS de Branding foram feitos e o Brand Canvas está sendo desenhado. Marcas começam a contar histórias desde o seu primeiro dia, é verdade, mas as histórias têm capítulos e, nesse momento, você pode estar escrevendo mais um deles.

Os analytics são fundamentais para achar essas palavras-chave. Eles apontam, principalmente do site, quais palavras as pessoas mais usam para chegar buscando por marca, produtos ou serviços, portanto não podem ser deixados de lado no momento de buscar essas palavras. Também não dispensaria uma conversa com o time de mídia para saber quais palavras-chave eles pensam em usar nas campanhas de performance. Não desperdice nenhuma fonte de pesquisas, todas são importantes para ter insights.

O poder de síntese é fundamental para o sucesso de uma boa estratégia de branding, mas, para poder ser exercido, é preciso que tenha uma grande gama de palavras. Por isso, não deixe de lado nenhuma fonte de informação para chegar a essas palavras.

Ao colocar na planilha, tente colocar uma lista em ordem de importância, ou seja, coloque em ordem de prioridade as dez palavras que você selecionou. Não inclua, na lista, a palavra mágica, uma vez que ela tem uma função diferente, que é dar um direcionamento ao posicionamento e também à linha criativa das campanhas; as palavras-chaves são importantes para dar esse direcionamento, também, à linha criativa e ao conceito das campanhas, mas não se limitam a isso.

A grande diferença entre palavra-chave e palavra mágica é que a mágica está presente no posicionamento da marca, que direciona toda a comunicação e para o onde a marca deve ir, já as palavras-chave, são uma extensão dessa linha criativa, podendo der usadas em um post de Facebook ou uma campanha de TV. Não que a palavra mágica não possa, mas é que a palavra mágica direciona toda a comunicação, e as palavras-chaves podem ou não estar na comunicação, uma vez que, se você selecionou dez palavras, não há como colocar todas em um vídeo de Reels, por exemplo, ficará maçante, e por isso é que se elege uma ou duas para criar uma peça publicitária.

O Brand Canvas tem como principal objetivo criar um mapa de marca, por isso cada passo é importante, uma vez que, ao preencher toda a planilha, você, como estrategista, poderá ter uma ampla visão dos caminhos. Entenda isso como os antigos mapas que usávamos para ir a uma cidade fazer uma viagem; se consultávamos esses mapas, por meio de desenhos bem detalhados, era possível saber os caminhos a se seguirem.

Quando, por exemplo, se está em São Paulo e quer ir para a Santos, é possível ir pela Rodovia dos Imigrantes ou pela Via Anchieta. Ambos levam à cidade; alguns preferem a Imigrantes, outros, a Anchieta, por uma série de motivos, até mesmo pela proximidade das suas casas dessas estradas, mas fato é que o mapa nos dava uma visão ampla. Hoje, usamos o Waze ou o Google Maps, é a tecnologia ajudando as pessoas a traçar uma rota mais efetiva, porém, no caso do branding, existem muitas ferramentas tecnológicas que ajudam o(a) estrategista a entender caminhos, mas, para traçar o melhor deles, a melhor ferramenta ainda é uma milenar: o cérebro.

Por mais que existam ferramentas de inteligência artificial supermodernas, elas ainda não têm o poder de interpretação que o cérebro tem. Não digo que isso não será possível um dia, afinal, há inúmeros filmes de Hollywood que preveem isso, e não acho que estamos tão longe, mas, no momento, para tomar decisões de marca, use o seu instinto e o que você conhece de mercado, branding, comunicação, varejo e, principalmente, de pessoas. Use as ferramentas para ter uma visão mais macro de tudo, porém não deixe que as decisões sejam tomadas pelas máquinas, pois elas não têm a sensibilidade que você, como estrategista, tem.

Palavras-chave direcionam a comunicação, mas não são a comunicação sozinhas!

HISTÓRIA

Qual história a sua marca está contando? Comece com essa pergunta para o chamado C-level. As pessoas compram histórias de marcas. O conceito de storytelling não está em alta no universo do marketing à toa, é uma forma de contar histórias para encantar as pessoas. Quem não gosta de uma boa história?

"Pessoas sabem quando a marca é consistente e quando apenas surfam uma onda da moda", essa frase de Daniela Cachich vai ao encontro do que Jaime Troiano fala de se apropriar por algo oportuno. Antes de começar a ler sobre história, entenda, as marcas precisam criar sua história com muita consistência e verdade. Pegue, por exemplo, o caso da Marvel, com os *Vingadores*. Eu não sou um grande fã, mas gosto muito dos filmes e assisti a praticamente todos da franquia. A saga dos Vingadores tem quatro filmes, mas os heróis do universo têm seus filmes próprios, entretanto a história é tão bem contada que cada um deles está muito bem amarrado aos demais. Mesmo pessoas como eu, que gostam, mas não são fãs a ponto de pesquisar e estudar sobre o universo, conseguem entender todos os filmes. Tenha isso como referência: boas histórias têm personagens, começo, enredo e nem sempre um fim.

Toda vez que ouvimos a frase "era uma vez...", a que a sua mente o remete? Provavelmente algum personagem da Disney veio à sua mente, um dos filmes que você viu na infância. Seus pais, com certeza, contaram histórias para você dormir — os meus fizeram isso comigo, e eu fiz com a pequena Fernanda quando ela tinha dois ou três anos. Nossas professoras contavam

BRAND CANVAS

histórias para nos ajudar na alfabetização, depois tínhamos aulas de história na escola para saber como o nosso Brasil surgiu, por exemplo. Na volta às aulas, a redação das férias era um clássico, basicamente, uma história sobre janeiro ou julho, que contávamos na aula de português. Na segunda-feira, nos almoços com o pessoal da empresa, é uma eterna briga para ver quem vai contar a sua história do final de semana. Deixe a Marvel deixar vazar o trailer de um filme do universo dos Vingadores, que será lançado, para ver como isso movimenta as redes sociais. Percebeu que a nossa vida é rodeada de histórias?

"Consumidores gostam do entretenimento que as marcas promovem, experiência é o novo marketing", diz Eco Moliterno, excelente criativo da nova era do digital. Histórias precisam ser contadas com experiências. Pense em como a Disney consegue fazer uma criança de 6 anos e um adulto de 40 entrarem no mesmo universo das princesas. Historia e experiências andam juntas, lado a lado.

A marca Reserva faz isso muito bem. Em muitas das suas campanhas, ela fala sobre a própria história. Ela não o fez apenas no livro que tem sobre a marca — o que eu acho uma estratégia fantástica, mas nem todos as marcas o fazem, pois escrever um livro não é algo fácil, ainda mais quando o seu foco profissional não é esse. A Reserva conta histórias em diversos pontos de contato, é um grande case de branding para uma marca que precisa se diferenciar. O seu produto é muito bom, eu mesmo tenho bermudas e camisetas da marca, mas marcas como Richards, Zara, Crawford, Siberian, Vila Romana, Brooksfield têm produtos tão bons quanto os da Reserva.

O que essas marcas vendem é qualidade e marca em camisetas, bermudas, meias, sapatos, jaquetas, perfumes, entre outros acessórios, um viés mais masculino adulto, mas há produtos para crianças e mulheres. Para chegar ao patamar que a marca alcançou, o uso de um marketing emotivo que conta histórias foi fundamental, não à toa, o grupo que comanda a Arezzo pagou 715 milhões de reais pela marca Reserva em outubro de 2020, sendo uma marca de muito sucesso.

A marca carioca Reserva foi fundada em 2004 pelos empresários Rony Meisler e Fernando Sigal, tem 78 lojas próprias, 32 franquias e é vendida 1.500 multimarcas. Em 2019, o Grupo Reserva faturou 400 milhões de reais. A Arezzo&Co já tinha em seu portfólio as marcas Arezzo, Schutz, Anacapri, Alexandre Birman, Fiever, Alme e Vans (distribuição) e, agora, se soma às seis marcas do grupo Reserva — a própria Reserva, Reserva Mini, Oficina Reserva, Reserva Go, EVA e INK. Depois de concluída, a operação societária ampliará o portfólio da Arezzo&Co para 13 marcas com o objetivo de se tornar uma "house of brands", ou conjunto de marcas.

"Marcas precisam provocar como as pessoas estão se sentindo, assim começa a conversa e gera a empatia", diz outra genial criativa da era digital, Fernanda Romano. Eduardo Simon diz que *"para serem lembradas, marcas precisam gerar a conexão emocional"*. Isso converge com as falas de outros publicitários citados neste capítulo. Veja que experiência é essencial, ainda mais quando ela cria uma conexão emocional.

Por que coloquei o exemplo da Reserva?

Você se interessou pela história, mesmo que breve, que eu mencionei sobre a marca Reserva? Você se interessou por entrar no site da marca para ver um pouco mais dos produtos? O fato de ela valer 715 milhões de reais o deixou mais confiante para comprar uma camiseta de R$ 139,00? Tudo o que fiz foi contar uma história, com a minha visão e dando o meu aval sobre os produtos, por ter alguns — aliás, só os comprei depois que um cliente, este sim um grande fã da marca, ter falado tanto, que resolvi investir um pouco e comprar bermuda e camiseta da marca; confesso que ainda não está na minha lista de marcas favoritas, mas o custo-benefício é muito bom.

Imagine se você, lendo esse pequeno parágrafo, já se interessou em clicar no site ou, pelo menos, em passar no Instagram da marca para ver o que eles estão fazendo, o que será que uma boa história vai causar na mente do seu consumidor? Será que ele, ou ela, também vai ter interesse em acessar seu site? Ver seu Instagram? Achar seu canal no YouTube? Nunca podemos nos usar como parâmetro para definir uma estratégia, mas avalio que esse pensamento possa ser um norte para você.

Histórias nos encantam desde sempre. Lembra-se dos seus avós contando uma história da infância deles? Eu me lembro de quando meu avô, pai do meu pai, contou sobre a sua chegada à cidade de São Paulo (ele nasceu no interior) e como ele, um palmeirense de 14 anos, se tornou são-paulino depois de ter ido assistir a um jogo entre Ypiranga X São Paulo, que o tricolor perdeu por 2 X 1. Ele voltou para casa são-paulino e morou praticamente a vida toda no bairro do Ipiranga, em São Paulo. Viu como histórias nos prendem?

Olhe a conexão emocional que Eduardo, Fernanda e Eco pregam nas suas frases sendo colocada, com sucesso, no caso da Reserva.

BRAND CANVAS

Agora é hora de contar a história da sua marca

Se você fosse começar com "era uma vez...", como seria a sequência? Crie um ou dois parágrafos contando a história da sua marca ou de uma das quais você trabalha. Tente contar a história em no máximo 15 linhas. Claro que histórias são muito maiores do que 15 linhas, mas lembre-se do poder de síntese e exerça-o agora.

O simples exercício anterior é muito do que você fará para a marca com que você trabalha, porém, ouvindo o máximo de pessoas que nela atuam. O(a) fundador(a) é sempre o(a) mais importante, mas nem sempre se pode ouvi-lo(a), portanto ouça quem está na empresa há mais tempo; às vezes, a tia do café tem mais tempo na empresa que todo o time de marketing, vendas e administrativo, que são excelentes fontes de informação da história da empresa.

Para exercer essa ação, não há muito segredo, basta fazer poucas e assertivas perguntas e deixar o entrevistado falar. Não interrompa, apenas com dúvidas pontuais que podem surgir com a sua fala. Se possível, grave o áudio dessa conversa no celular, mas anote os insights em um caderno. O time de criação poderá fazer bom uso do áudio, mas, para criar o conteúdo do Brand Canvas, os insights são mais assertivos.

MISSÃO

Quando um desafio é entregue a uma pessoa, dizemos que ela tem uma missão a ser cumprida, certo? Quando seu chefe diz que você precisa criar um projeto de branding para a empresa em que você está, ele, ou ela, lhe deu uma missão importante, e como Capitão Nascimento diz: "Missão dada é missão cumprida". No caso da empresa, a sua missão só será totalmente cumprida no dia em que ela não mais existir, uma vez que a missão da empresa, todos os dias, é colocada em xeque. Vamos ver isso neste capítulo.

A missão é a razão de ser da empresa, Mas espere: isso não é o propósito da marca? Pois é, uma coisa está muito conectada à outra. Lembra que falei isso para você? Para mim, missão, visão, valores, cultura e filosofia da marca são pilares que sustentam o propósito. Essa, pelo menos, é a minha forma de enxergar como construir o propósito de uma maneira mais sólida, mas como falamos muito de propósito em outro capítulo, aqui, vamos focar a missão, que, já deixo claro, precisa ser uma frase curta, direta e muito objetiva.

MISSÃO

Definir a missão de uma empresa pode ser uma tarefa árdua. Essas breves palavras devem conter a justificativa de o negócio existir. Existem diversas empresas atuando no mesmo mercado, e cada uma tem a própria missão. A sua elaboração deve estar ligada às características do negócio. Por isso, de acordo com o ramo da organização, poderá ter missão independente, complementar ou concorrente em relação a outras.

Quando, por exemplo, se cria a personalidade da marca, a missão é parte importante dessa construção. Perceba que construir uma marca é como construir uma casa, é tijolo por tijolo, parte por parte, e no fim tudo se torna uma casa linda e sólida. Com marcas, é a mesma coisa, porém, para construir a casa, é preciso do projeto, do mapa de como a casa ficará — e é aí que entram os 5Ps de Branding e um dos pontos para se ter a visão de como a marca ficará, o Brand Canvas. Missão é, basicamente, o que a empresa se propõe a entregar ao mercado e aos consumidores, por isso, na proposta de valor da marca, a missão se faz presente; assim como você viu que, nas 11 Verdades da Marca, ela é um pilar na construção do posicionamento de uma marca. O exemplo da casa, para mim, é o mais lúcido para mostrar como metodologias são usadas para construir pequenos pedaços de uma marca, que, juntos, formam uma marca poderosa.

Espero um dia ver um dos meus leitores mostrando que construiu uma marca poderosa tendo os 5Ps de Branding como base. Já tenho visto alguns usando a metodologia com sucesso, ainda é cedo para ter uma marca com sucesso com ela, mas, com certeza, virá. Com a Apostа1, por exemplo, em breve estaremos no top!

A missão da empresa, em resumo, é traduzir os motivos pelos quais tal empresa existe; é dar sentido às tarefas que são executadas diariamente; é um compromisso que a empresa tem com o seu mercado de atuação e públicos. E quando falo em públicos, no plural, quero dizer consumidores, público-alvo, colaboradores, formadores de opinião e acionistas, não apenas quem compra, mas quem gere a empresa, pois principalmente esse time precisa ter a missão não apenas decorada e colocada em um quadro na parede, mas sendo executada diariamente.

Para se criar uma missão que faça sentido para a marca, é preciso que a frase que a compõe responda a estas questões simples:

BRAND CANVAS

- O que minha empresa faz?
- Como ela faz?
- Para quem a empresa faz o que faz?
- Qual o papel da minha empresa na sociedade?
- Que público minha empresa quer atingir?
- O que ela se propõe a entregar para o público-alvo?

Isso respondido, você já tem um caminho para criar uma frase de no máximo cinco linhas sobre a missão da sua empresa. Lembre-se do poder de síntese, use-o aqui também. Quanto mais sucinto, melhor, as pessoas vão compreender mais o que a empresa é. Tome muito cuidado para que a missão não se torne o propósito — essa confusão é comum, uma coisa está ligada a outra, mas não são a mesma coisa. Missão e visão existem uma sem a outra, mas juntas são mais fortes: missão é o que ela faz, e propósito é por que ela faz o que faz.

A missão terá forte ligação com o propósito e quem fundamenta a missão é o propósito. A missão implica ações, atitudes que precisamos ter para realizar algo importante. O interessante e o que muitos não sabem é que podemos ter várias missões em diversas áreas da vida, porém todas elas em conjunto estão contribuindo para alcançar o propósito de vida. Portanto, sem propósito não existe missão, e sem missão não se alcança o propósito.

O propósito de uma empresa vai muito além do sucesso e da qualidade de seus produtos e serviços. É pelo propósito que clientes, fornecedores, colaboradores e fabricantes se unem, por um objetivo que lhes é maior e comum. Ele é a força motriz por trás de todas grandes realizações, já a missão é conjunto com os demais elementos das diretrizes e deve servir de inspiração para todos, a fim de que caminhem em uma direção única. Para tanto, as declarações de propósito, missão, visão e valores devem ser sucintas, simples e fáceis de serem entendidas. São frases curtas, com mensagens desafiadoras, de fácil memorização e aceitação.

Para colocar a missão na planilha do Brand Canvas, seja muito sucinto e direto. Uma frase com duas linhas deve ser o suficiente para resumir o que é a missão da empresa, entretanto, tome muito cuidado para que a frase de missão não seja fraca e sem sentido, assim como não seja igual à do propósito da marca.

VISÃO

Visão é o que a marca pensa para o seu futuro. Como já foi dito, a visão faz parte da construção do propósito de uma marca, é um dos seus alicerces, um dos seus pilares para que o propósito não seja apenas uma frase bonita na parede. A visão deve passar ao consumidor uma ideia de que a empresa está realizando hoje, mas pensando no que pode fazer amanhã.

Dentro de um plano de marca, a visão é importante porque representa o começo de tudo, pois é aquele insight inicial que leva a empresa a querer conquistar grandes realizações e a se empenhar cada dia mais nisso. Em resumo, é o que a leva do ponto A ao ponto B, é o que vai inspirar as pessoas que atuam na empresa a buscar um horizonte. Nenhuma empresa começa grande, assim como nenhuma empresa quer permanecer pequena. Vá à padaria ao lado da sua casa e pergunte ao dono se ele quer continuar daquele tamanho ou se quer ser dono de uma rede de padarias. Pergunte à sua amiga advogada se ela quer que o escritório dela comece a atender a uma multinacional e triplique o tamanho no ano que vem. Raramente a resposta será negativa, e a padaria e o escritório podem ser gigantes, mas é do ser humano querer sempre mais — aliás, esse foi um dos pontos que levamos em consideração quando criamos todo o branding da Aposta1, do qual o modelo Brand Canvas surgiu.

Como o mundo está em constante mudança — e muito graças à tecnologia, que tem criado novos comportamentos —, é fato que a visão da empresa precisa ser revista periodicamente, não de forma mensal, mas anualmente, no plano de marketing que a empresa monta para o ano seguinte; seria interessante dedicar algumas horas para entender se a visão se mantém a mesma. Fazer uma pesquisa interna é muito interessante para ouvir das pessoas o que elas acham sobre o tema, aliás, sempre que possível ouça as pessoas à sua volta, dentro da empresa.

Visão busca trazer sonhos e objetivos que façam sentido e estejam alinhados com a missão, que, quando bem definida, gera uma chance maior de se ter uma visão realmente assertiva e de acordo com o propósito da empresa. Mais uma vez, perceba como as coisas são interligadas. Não estou aqui sendo repetitivo falando de propósito, mas quando falamos de missão, visão, valores, filosofia e cultura de empresa, não tem como fugir do propósito, que é o que esses pilares sustentam.

Assim como missão e valores, a visão precisa ser o mais sucinta possível. Para que ela fique enraizada, assim como os outros pontos, na mente das pessoas, ela não pode ser um grande texto. Deixe para o manifesto de marca ser um grande texto que represente tudo. Por ora, crie uma frase que seja de fácil entendimento, como a Nike que tem em sua visão *"ser uma referência em artigos esportivos mantendo assim um vínculo com qualidade de vida e de pessoas"*, algo atemporal, ou seja, por muitos anos a Nike pode manter essa visão. Se você conseguir chegar a uma visão como a da Nike, talvez não precise revisitar a frase com tanta frequência.

Diz uma famosa frase do escritor inglês, Lewis Carroll: *"Se você não sabe para onde quer ir, qualquer caminho serve"*, frase que eu uso em minhas aulas de planejamento digital em MBAs e cursos livres, pois é bastante real. Uma empresa sem perspectiva de onde e como ir tende a ficar parada no lugar. Julio Ribeiro, em seu livro *Fazer Acontecer*, diz que "mais empresas fecharam por ficar paradas do que aquelas que inovaram", afinal, mais do mesmo qualquer um faz, e, quando qualquer um faz, não há dinheiro de mídia que resolva o problema da empresa.

Esse conceito se aplica também ao contexto das organizações, pois, sem uma perspectiva clara de seus propósitos para o futuro, um negócio pode até dar alguns passos, mas dificilmente conseguirá ser bem-sucedido em seu mercado. Nesse sentido, os exemplos de visão de uma empresa são provas da importância dela, pois mostram que é justamente isso o que dá o direcionamento de que precisa. Poderia aqui fazer uma lista de frases que mostram como grandes marcas pensam o futuro, o que seria inspirador, mas isso o Google nos traz; o ideal é que você sempre pense no que a sua empresa é.

No Brand Canvas, você poderá mapear esse processo de construção do propósito para saber como comunicar a marca para seu público. Há elementos que vão lhe dar a visão estratégica do todo, por exemplo, entender o conceito básico de visão, que é *"mostrar aonde a empresa quer chegar e traçar seus objetivos de longo prazo; orientar suas ações e aspirações para o futuro. Motivar os colaboradores e líderes a irem além e ajudar a empresa a conquistar grandes realizações. E deve ser uma meta palpável e realista"*, e ver como aplicar isso no dia a dia da empresa. O futuro pode ser amanhã, mas ele começa a ser construído hoje, não se esqueça disso.

A visão, assim como outros pontos, também precisa ser sucinta. Uma frase de duas ou três linhas é mais do que suficiente para que todos entendam. Ela é um pilar do propósito, logo, a imagem do futuro precisa estar inserida no propósito da marca, assim como no texto manifesto que a marca vai seguir; texto esse que precisa estar colado na mesa do time de criação, para que, sempre que forem criar uma peça, possam ler e se inspirar.

Visão, assim como missão e valores, é para inspirar a marca a se diferenciar no mercado. Inspirar a comunicação; inspirar quem está gerindo a marca e os colaboradores; inspirar consumidores a estarem lado a lado com a história que está sendo construída. Visão não é meta, mas é aonde se quer chegar, e quando chegar, que seja criada outra visão, afinal, com um mundo cada vez mais tecnológico e mudando dia após dia, a visão de hoje pode não ser a do ano que vem.

Ao aplicar a visão na planilha do Brand Canvas, seja o mais sucinto possível. Perceba que o mapa é um grande quebra-cabeças em que você vai encaixando as peças e criando uma visão mais factível dos caminhos que a marca vai seguir. Mais um passo foi concluído aqui.

VALORES

Valores não são ligados a preço, mas sim ao que a marca acredita. Um grande número de pessoas, e isso só tende a crescer, está pesquisando mais sobre os valores da empresa antes de comprar um produto. Marcas de cosméticos que são contra o uso de testes em animais e usam produtos orgânicos para não agredir a natureza têm ganhado uma enorme legião de fãs, o que começa a preocupar as marcas de cosméticos tradicionais, graças às grandes perdas de venda para esse pessoal que se preocupa cada dia mais com o planeta.

O consumo consciente é outro ponto ao qual as marcas estão, cada vez mais, buscando aderir, pois o consumidor aderiu. Eu, por exemplo, amo a Montblanc, ao lado da Coca-Cola e da Mercedes-Benz; para mim, são as melhores marcas do mundo. Infelizmente, só tenho poder aquisitivo para consumir Coca-Cola, mesmo tendo um óculos e perfume da Mercedes-Benz e duas canetas da Montblanc, mas, por mim, teria mais produtos das marcas — o dinheiro é que não me permite.

A minha filha, Fernanda, que, enquanto escrevo este livro, ainda tem 11 anos, ao ir comigo no shopping, olha e diz que Montblanc é apenas uma caneta. Ela está errada? Não! Para ela, gastar 5 mil reais em uma caneta é uma loucura; para mim, que gastei bem menos, é um item que me ajuda no dia a dia, mas os valores da minha filha de consumo consciente estão muito mais aflorados que os meus. Pode ser que, aos 20 anos, isso mude nela; por ora, ela se contenta com uma Stabilo de oito reais, já que, para ela, um gasto alto com caneta é um absurdo.

Os valores, normalmente, são representados por palavras fortes que representam a marca. Elas podem ser palavras-chave, que vimos em outro capítulo, sem dúvida, pois representam o que a marca é. Vamos ao exemplo de uma das marcas mais deliciosas do Brasil: Kopenhagen.

BRAND CANVAS

- Lideranças interativas.
- Trabalho em equipe.
- Proatividade.
- Qualidade.
- Ética.
- Respeito.

Perceba que são palavras fortes e que mostram o que a marca é. Há palavras que são usadas por muitas marcas, como respeito, qualidade, ética, comprometimento, não importa, mas se está na declaração de valores, que as usem. No conceito de branding, em que as marcas têm que estar de olho em todos os pontos de contato, uma vendedora da marca que age com total falta de respeito com um cliente está ferindo a missão, e isso mancha a imagem da marca como um todo.

Segundo Cristina Carvalho Pinto, *"branding é a parte para a construção de relações de valor e amizade entre marcas e pessoas"*, afinal, amigos não se traem, certo? No marketing, traição entende-se como uma pessoa começar a comprar da marca concorrente.

Por isso, é fundamental ter uma política bem clara de missão, visão, filosofia e valores da marca, para que todos sigam à risca o que está sendo defendido pela marca como um todo. Para se diferenciar da concorrência, comece, sempre, de dento para fora. Um dos conceitos que estudamos para montar o propósito da marca é este: começar de dentro para fora — então, comece pelos colaboradores. Já está mais do que provado que times motivados rendem mais, trabalham mais e, no fim do dia, a empresa vende mais.

Com declarações claras de missão, visão, valores e filosofia que compõem o propósito da marca, fica mais fácil iniciar essa motivação, desde que todos estejam andando na mesma linha. Portanto, é essencial que, no momento em que você vá criar a declaração de valores da sua marca, deixe-os bem claros, de forma simples e direta. Como disse, normalmente os valores são expressados por palavras que têm um peso muito forte dentro da empresa, entretanto algumas declarações estão vindo em forma de texto.

Na Aposta1, por exemplo, nossos valores são: *"nossa credibilidade está em jogo todos os dias, não apostamos ela, nós a construímos ao longo de um relacionamento que preza pela confiança, honestidade, transparência e de fato colocando quem aposta com a gente, no centro de tudo, pois nosso maior valor é realizar o sonho do brasileiro desafiando-o constantemente a ser o sucesso que ele quer ser"*. Temos palavras fortes na declaração, como credibilidade, construção, relacionamento, confiança, honestidade, transparência, sonho e sucesso, pois acreditamos nisso, mas em vez de criarmos um slide com essas palavras alinhadas, decidimos criar um texto, que nada mais é do que uma história sendo contada em cima do tema valores.

Os valores de uma empresa precisam conectar os objetivos de longo prazo com o que a empresa acredita ser importante, e esses valores não podem ficar apenas dentro da empresa: é preciso que as pessoas os conheçam e entendam que eles estão sendo executados.

Valores no quadro não representam nada! Não adianta uma criança dizer que tem como valor, ensinado pelos pais, respeitar os mais velhos e, no dia seguinte, mandar a professora "ir para aquele lugar". Mais do que palavras bonitas, as pessoas esperam que as marcas tenham atitude, ou seja, falar, todo mundo fala, mas agir é outra história.

Valores da Coca-Cola

Esta é uma das mais valiosas marcas e, sem dúvida, o refrigerante mais vendido do mundo. Para chegar a esse tamanho, a Coca-Cola sempre trabalhou muito bem todos os pontos de marca. Presença forte em PDV; um produto de qualidade com preço bem acessível; campanhas memoráveis — quem não se lembra do Urso da Coca-Cola? —; criou o Papai Noel vermelho; trabalha o branding diariamente em diversas ações. Tudo isso, somado, é o que leva a marca a ser esse sucesso, e seus valores são sólidos e colocados à prova todos os dias: inovação, liderança, responsabilidade, integridade, paixão, colaboração, diversidade e qualidade.

Na sua avaliação, a Coca-Cola entrega isso? Vamos analisar: marca inova o tempo todo em produto e embalagem, até campanhas, como as citadas; marca mais vendida do mundo, lidera o mercado. Marca que trabalha muito a responsabilidade social, respeita a diversidade na empresa e nas campanhas, além da qualidade do produto. Sim, na minha visão, a Coca-Cola trabalha muito bem seus valores em ações.

Para Armando Areias, *"o desafio é sempre criar valor"*, e o executivo não está errado. Warren Buffett já tem a sua célebre frase que diz *"o preço é o que você paga; o valor é o que você leva"*, que vai ao encontro do que Areias diz. Um exemplo que sempre me ajuda a visualizar esse ponto é a minha marca favorita, a Montblanc. Uma caneta não pode custar 10 mil reais, a não ser que ela seja um objeto de escrita, e não uma caneta. Parece bobeira, mas faz muita diferença, e o que Areias e Buffett querem transmitir é exatamente isso!

Uma coisa precisa ficar clara: a proposta de valor, que veremos a seguir, tem uma ligação com o que vimos aqui, sobre valores, afinal, um ponto está ligado a outro em toda a construção da marca. O Brand Canvas vem como uma metodologia para organizar os pensamentos da marca e criar essas conexões, mas os valores de uma marca são um ponto, e a proposta de valor é outro.

PROPOSTA DE VALOR

Esse campo é muito importante para definir o que a empresa é. Define, para o grande público, o que a marca é e como o seu negócio vai se destacar e ser melhor que toda a concorrência. A proposta de valor é uma promessa da marca que mostra como poderá resolver os problemas do consumidor quando ele comprar aquele produto ou serviço. O objetivo desse importante passo do marketing é levar ao cliente uma ideia clara, concisa e transparente de como determinado negócio pode ser relevante para ele, ou seja, responder à questão mais complexa do marketing: "Por que eu (consumidor) deveria comprar seu produto ou serviço?".

Há tempos, a propaganda não mais vende produtos, mas sim sonhos e resolução de problemas. Quando você vai à padaria, às 8h, antes de chegar ao escritório, você não vai apenas tomar um café ou suco com um pão com manteiga na chapa, você vai resolver um problema, no caso, a sua fome. Escolher o café, a padaria e o pão é uma opção que você tem de acordo com a proposta de valor daquela marca.

Pão, café e padaria podem ser a mesma coisa, porém, como já vimos, um café no Starbucks custa bem mais do que um café na padaria. O pão, de acordo com o bairro onde você o compra, é mais caro ou mais barato, assim como, dependendo do estilo da padaria, tudo é mais caro ou mais barato. A proposta de valor está aí, até mesmo em um rotineiro café da manhã. Resgatando o exemplo do Starbucks, sua proposta de valor é muito simples e direta: *criar um ambiente prazeroso e aconchegante, com excelência no atendimento e qualidade das bebidas*. E eles cumprem isso como poucos.

Nas 11 Verdades da Marca, vimos sobre o Unique Selling Proposition, o famoso USP, que basicamente é uma frase que norteia toda a comunicação para buscar um diferencial e responder à pergunta base do marketing, citada anteriormente, a fim de justificar ao consumidor por que ele deve comprar o seu produto. A proposta de valor pode ser a base para criar o USP, e com isso, ser mais um elemento que se encaixa perfeitamente em uma comunicação mais coesa. Por isso, a proposta de valor entra no mapa Brand Canvas, no qual, de novo, solicito que você seja o mais sucinto possível. Veja como a proposta de valor do Starbucks, uma das maiores empresas do mundo, é uma frase que não ultrapassa duas linhas.

Ao criar essa frase, lembre-se de que a proposta de valor é uma das principais razões pelas quais o cliente compraria o seu produto e não o dos concorrentes. Em poucas palavras, a proposta de valor explica como o seu produto resolve os problemas dos clientes ou melhora a sua situação, ou seja, oferece relevância. A verdade é que você só vai vender mais se entender o que realmente gera valor ao seu cliente. E, para entender o que o motiva, é necessário conhecer bem o seu público. Para isso, você já vai ter passado pela segunda fase da metodologia 5Ps de Branding e terá uma visão mais clara para, então, incluir essa informação no Brand Canvas.

Quando pensamos na proposta de valor de uma marca, precisamos pensar no que ela realmente vende. Como disse no exemplo anteriormente, a padaria não lhe vende comida, mas sim uma solução para a sua fome. A Disney não vende o parque de diversões, ela vende um mundo mágico; a Harley-Davidson não vende motos, ela vende liberdade, um estilo de vida. A Volvo não vende caminhão, vende segurança.

Na FM CONSULTORIA, usamos uma metodologia própria para chegar a essa frase, que resume toda a proposta de valor de uma marca. São seis passos que preenchemos em uma planilha e que, depois, colocamos em um quadro comparativo, chamado "matriz de proposta de valor". Nele, conseguimos mapear todos os pontos de uma forma única e, assim, extrair uma frase que seja coesa, sucinta e direta para aplicar à construção do Brand Canvas.

BRAND CANVAS

Mapa de proposta de valor

CAMPO	O QUE PREENCHER?
Principais tipos de cliente	Perfis de público X oferta de produtos e serviços por público.
Valor coerente por cliente	Benefícios que a marca oferece, o que o consumidor ganha ao consumi-la e qual apelo usar para cada perfil de público.
Ameaças emergentes	Novas tecnologias, mudanças de comportamento, concorrentes substitutos, o que pode enfraquecer a marca e o produto, novos entrantes no mercado, as novas startups.
Forças atuais da marca	Pontos fortes da marca que podem combater a concorrência e ser um diferencial no mercado.
O que vem por aí?	Novas tecnologias, tendências de comportamento, negócios e modelos de empresas. O que dentro de tudo isso a sua marca oferece ao mercado? O que é exclusivo para as pessoas? Como melhorar experiências?
Proposta de valor	Elementos centrais, o que perdeu e o que ganhou força, qual a promessa da marca e o que — e como — pode ser oferecido ao mercado consumidor.

Matriz de proposta de valor

Quais elementos perderam força?	Quais elementos de marca precisam ser sustentados?
O que tem de novo na tecnologia?	Quais são os novos comportamentos?

Somando o mapa e a matriz, você chegará a diversas conclusões. Revisite a promessa da marca, a percepção desejada, o posicionamento criado, quem são seus públicos, o propósito da marca, missão, visão, valores, filosofia, o DNA da marca e, com tudo isso em mãos, crie a frase que vá resumir a proposta de valor da sua marca. Não estenda muito, menos pode ser mais. Lembre-se de que o consumidor tem muita coisa para aprender da sua marca, e quanto mais complexa, mais difícil será compreendê-la.

MENSAGEM PRINCIPAL

"Empatia e bom humor sempre foram o segredo da publicidade". Esta é uma frase de Washington Olivetto, um dos maiores publicitários da história da propaganda brasileira, se dúvidas — busque no YouTube os comerciais "meu primeiro sutiã" (Valisere), "Hitler" (*Folha de S. Paulo*) e "A semana" (revista *Época*) e veja se estou exagerando. Olivetto conhece muito bem como transmitir a mensagem para o público, e os comerciais citados são uma prova. Criatividade é tudo na propaganda, sim, é, mas no marketing a publicidade é apenas um pedaço. A mensagem faz parte da propaganda, mas também é preciso se comunicar de outras formas e para diversos públicos.

A mensagem que vai chegar ao coração do consumidor para que o relacionamento se inicie é quase como o pedido de namoro da marca para ele. Para colocar essa mensagem na planilha do Brand Canvas, mais uma vez, seja sucinto. Estou dizendo para ser sempre sucinto, pois o mapa do Brand Canvas não pode ser maior do que um slide de Keynote ou PowerPoint. Não é para fazer o mapa criando um arquivo de Pages ou Word de dez páginas; você pode até ter um documento de estudos e pesquisas, mas na hora de colocar no Brand Canvas, seja o mais sucinto possível.

BRAND CANVAS

O quarto passo da metodologia 5Ps de Branding é a construção da mensagem. Basicamente, criamos cinco campos a serem preenchidos, para a mensagem sair de forma mais clara. Resumimos, primeiramente, as características do público, um breve resumo da persona. Então, resgatamos a percepção desejada, algo levantado na pesquisa. Em terceiro lugar, entendemos a preferência que precisamos trazer da comunicação, ou seja, a promessa. Alinhamos tudo com o propósito e, por fim, o quinto passo é apresentar os diferenciais de produto. Tudo de forma sucinta, pois as defesas de como chegamos até esse momento já foram estabelecidas. É sempre um resumo.

Com isso pronto, nós criamos uma frase que resuma a mensagem principal que vamos passar. Na metodologia das 11 Verdades da Marca, já temos isso mapeado, e a mesma frase pode ser usada, porém, nesse momento, traçando esses pontos, temos mais certeza do que devemos transmitir como conceito principal.

O poder da mensagem

"Histórias de marcas são contadas de maneira sedutora, que engaje e contagie as pessoas". Este é Hugo Rodrigues, outro grande mestre da publicidade nacional. A mensagem precisa conquistar, você vai ver isso aqui, mas pense: se a sua marca não encanta, a mensagem também não vai encantar. E o Brand Canvas é importante porque é o mapa que vai ajudar você a construir essa mensagem. Se eu pudesse apontar o objetivo central do Brand Canvas, eu diria que é construir a mensagem da marca, mas, é claro, baseado no que é a marca, e não apenas em criatividade.

Marcas não são o que elas dizem que são, mas o que as pessoas acham que elas são. Repito essa frase para que fique bem clara na sua mente. Marketing trabalha percepção! Quanto mais persuasiva a mensagem for, melhor, porém quanto mais direta, melhor ainda. E ela deve ser simples, pois o consumidor não entende conceitos e técnicas de publicidade.

Quando um designer cria um logo, por exemplo, ele usa diversas técnicas e metodologias, e está certo em seguir isso, porém, quando perguntam o significado daquele logo, as teorias podem até ser verdadeiras, mas, sejamos sinceros, sem menosprezar o trabalho de ninguém, será mesmo que o consumidor enxerga naquele logo tudo o que o designer enxergou?

Às vezes, eu fico vendo um designer defender um logo e vejo uma pessoa em frente a uma obra de arte. Ao lado, o curador da exposição mostrando todo o sentimento do artista, o que ele quis passar, suas angústias; do outro, um monte de gente olhando e pensando se o quadro é bonito ou

MENSAGEM PRINCIPAL

não. A grande maioria das pessoas não é crítica de arte. Certa vez, eu pedi para três designers me explicarem o mesmo logo, sendo um deles o criativo. Cada um me deu uma explicação diferente. De novo, não estou aqui menosprezando nenhum trabalho, apenas dizendo que a mensagem precisa ser simples!

Vamos a mais um exemplo. Imagine que você veja um post no Instagram: uma foto de um notebook sobre uma mesa, em uma linda manhã. O notebook está desligado. Na imagem, o texto "compre o melhor notebook do Brasil com processador xpto, sistema blá-blá-blá handson expect from e desempenho similar ao Xztud avant" (obviamente, eu criei os nomes doidos). O que você entendeu?

Agora imagine a mesma foto, mas a frase diz "mais desempenho para o seu trabalho". Qual você entendeu? Agora pense em um consumidor que é advogado, médico, dentista, engenheiro, psicólogo, que não entende nada de tecnologia. Em qual anúncio ele vai clicar?

Quando, em 2018, atendi a Panasonic, tínhamos um grande desafio na comunicação, que era tirar o "tecnês". Imagine criar um post para o Facebook dizendo que a geladeira tem o *inverter* como diferencial. Que diabos é *inverter*? E que umas podem vir com a tecnologia Econavi e *climate control* com biodesodorizador. Esse era o nosso desafio direto. Todas essas tecnologias estão presentes nos produtos da Panasonic, basta ir ao site e ver.

Agora vamos pensar em um post para o Facebook, com uma foto de uma geladeira e uma chamada "Economize até 10% na sua conta de luz". Ficou mais fácil e claro, certo? No texto você pode explicar que, por meio de sensores, o Econavi é uma tecnologia que entende o uso da geladeira no dia a dia e reduz o consumo de energia em momentos com menos uso, o que também ficou mais claro de se entender, certo? E se, em vez de dizer que a geladeira tem o biodesodorizador, a chamada for "tecnologia que elimina bactérias, mantendo o frescor dos produtos"?. Eu já me lembro daquele cheiro forte da geladeira quando algo venceu não vindo mais na minha cara.

"Pessoas estão interessadas nas histórias que as marcas têm para contar", segundo Daniela Cachich, que tem a história das marcas Heineken no Brasil e Doritos Rainbow entre seus cases de muito sucesso de marcas que contam histórias. Os pontos de contato, incluindo a propaganda, são as plataformas nas quais a história será contada.

BRAND CANVAS

Pontos de contato com a marca

Quando você estiver criando a mensagem da marca, é preciso saber onde essa mensagem vai ser divulgada. Quando se fala de branding, é preciso saber que qualquer ponto de contato com a marca é um ponto de construção e posicionamento dela. Um atendente mal-educado no 0800 denigre a imagem tanto quanto uma campanha com a mensagem errada no banner da home page do portal; um perfil do Instagram que não responde ao consumidor é tão péssimo como um chat que não resolve o problema dele. Pontos de contato são fundamentais para o sucesso da marca. Vejamos, então, quais são os principais.

- Identidade visual: seja única. Existem milhares de cores e bilhões de combinações. Não crie uma lanchonete com o logo amarelo tendo o vermelho como cor que combine!
- Programa de relacionamento: crie algo próprio. Programa de relacionamento tem vários, e quase todos iguais, pontos por produtos. Mas entenda o que seu consumidor quer, antes de criar um da sua marca, do contrário, corre o risco de esse programa não ser diferencial nenhum para a sua marca.
- Executivos: tenha bons, aposte na diversidade e traga quem faz a diferença. Marcas são geridas por pessoas. A Tecnisa não seria o que é se, no seu comando, não tivesse Romeo Busarello, por exemplo, e a Pepsi não teria o case de muito sucesso de Doritos sem Daniela Cachich na condução do marketing da marca no Brasil.
- Equipe de vendas: são as pessoas que vão ao ponto de venda convencer a comprar a sua marca. Pessoas mal-educadas denigrem a sua marca. Treinamento é o segredo do sucesso aqui.
- Propaganda: fundamental, mas não a única forma de construir marcas. Marketing não se resume à mídia, marketing digital não se resume apenas a post em redes sociais e a influenciadores.
- SAC: normalmente usado para que as pessoas tirem dúvidas ou reclamem da marca. Treinamento é fundamental. Ouça mais o 0800 da sua empresa, há inúmeros insights poderosos nessas conversas.
- Produtos: não há marketing que mude a vida de produto ruim. As pessoas querem ser surpreendidas, e produtos iguais não se diferenciam. Rolex e Casio são relógios de pulso, exercem a mesma função, mas o preço do Rolex é 300 vezes o do Casio.
- Colaboradores: é fundamental que as empresas tratem os colaboradores muito bem! A diversidade está em alta, cada dia mais. Os colaboradores transmitem mensagens da empresa em que eles trabalham para a sua rede de contatos e redes sociais.

Eles são potenciais vendedores da sua empresa e são peças-chave para a construção da marca.
- Ponto de venda: seja criativo e transparente. O seu consumidor vai decidir ali se comprará ou não. Sua campanha no Instagram pode estar linda, com a influenciadora mais famosa da época, mas é no ponto de venda que a mágica ocorre. Seja o mais claro possível na mensagem, tenha alto poder de persuasão e responda ao consumidor por que ele deve comprar aquele produto.
- Serviços: cada vez mais, as marcas estão se diferenciando por serviços agregados. A Apple faz isso com maestria. Comunique isso como diferencial, se realmente o for.
- Canais digitais: Instagram não é catálogo de produtos! Não é jornal de ofertas digital! Não é local onde as pessoas querem ver apenas produtos! Quando marcas fazem apenas promoções, elas não agregam valor, e as pessoas compram por preço. Ou seja, amanhã, se o Facebook do concorrente mostrar um desconto de cinco reais, o amor acabará, e vai ser lá que as pessoas comprarão. Canais digitais informam, inspiram, educam e convencem da compra. Contam uma história.
- Matérias na imprensa: para construção de marca, este é um pilar de extrema importância. Seu produto sair na capa da principal revista de negócios do país; o CEO da sua empresa dar uma entrevista na home page do principal portal do Brasil; sua campanha ser destaque no principal site do mercado publicitário; sua empresa ser matéria do jornal da principal emissora do Brasil. Isso é fundamental, mas é preciso ter constância, pois uma matéria no jornal será boa naquele dia, mas, no dia seguinte, apenas quem atua na empresa se lembra da matéria.
- Ambientação na loja: impacte, seja diferente e comunicativo. O Boticário Lab, do Shopping Morumbi, é um case interessante. Você entra na loja, há uma ambientação, a história da marca, produtos separados por categoria, um atendimento especializado e altamente simpático, uma loja que traz o DNA da marca, diferentemente do que estamos acostumados, uma vez que o propósito do Lab é diferente das lojas das franquias que vemos. Esse é um case a ser analisado de perto.

Mapa de Empatia e Matriz de Conteúdo

Na FM CONSULTORIA, nós usamos essas duas metodologias para construir a mensagem. Junto ao meu grande amigo e sócio em alguns projetos, Roberto Camargo, da URL Company, criamos, certa vez, um desses mapas para o time da Officer Distribuidora e, depois, o fizemos com o time da Kroton Educacional. Foram experiências memoráveis.

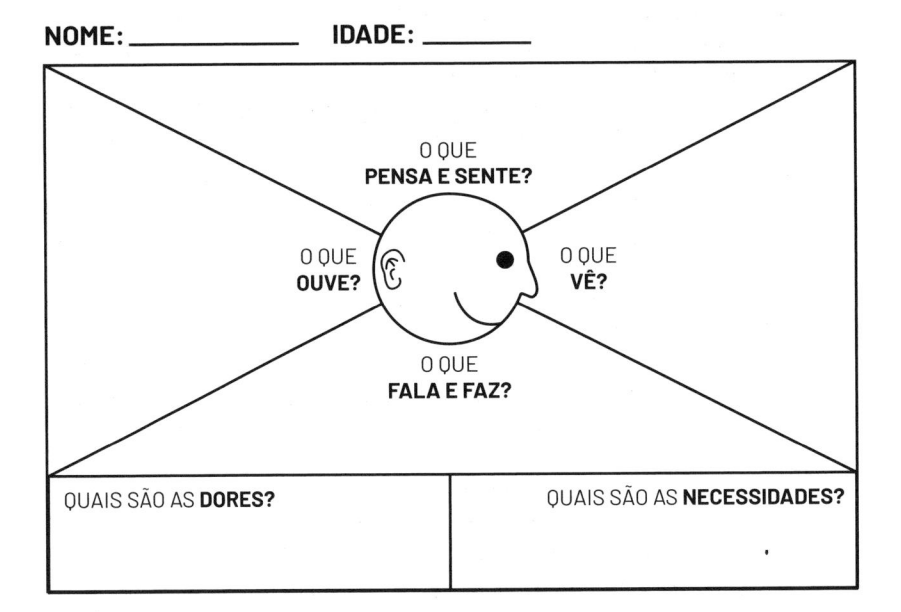

NOME: _____ **IDADE:** _____

```
            O QUE
         PENSA E SENTE?
  O QUE                  O QUE
  OUVE?                   VÊ?
            O QUE
         FALA E FAZ?

QUAIS SÃO AS DORES?  |  QUAIS SÃO AS NECESSIDADES?
```

Comecemos pelo Mapa de Empatia

Essa imagem é uma imagem básica, que poderá encontrar ao pesquisar no Google; portanto, não vamos nos ater à imagem, mas ao modo como preenchê-lo.

Como o nome diz, trata-se de empatia, ou seja, um papel dos colaboradores é se colocarem no papel dos consumidores e pensar como eles. Quanto mais pessoas participarem, melhor; quanto mais departamentos, melhor ainda. Há muitos insights que surgem nessa metodologia. Para se ter uma ideia, na Officer, nós tínhamos dois anos de posts praticamente prontos depois de um dia fazendo essa metodologia com o time de marketing. É claro que entrariam novos conteúdos, mas sempre cito esse exemplo para ver a importância de se fazer isso e como as mensagens saem de forma mais simples.

Para o Brand Canvas, você fará, primeiro, estas duas metodologias, Mapa de Empatia e Matriz de Conteúdo, para depois juntá-las a outros pontos já elaborados e criar uma frase que resuma a mensagem. Pode ser que, na metodologia das 11 Verdades da Marca, você mude a frase, e não tem problema algum nisso.

Para a metodologia do Mapa de Empatia, uma pessoa precisa comandar as ações. Divida os grupos em perfis de públicos. Por exemplo, na Vitacon, quando participei da ação junto à agência Santa Clara, nos dividiram em três grupos, um por perfil de público da marca, e tivemos que criar o mapa pensando como esses perfil pensam.

Quem está liderando a metodologia determina um tempo e dá um papel de flip-chart — ou um espaço na parede mesmo —, diversos blocos de Post-its e faz as perguntas a seguir. As pessoas anotam as respostas nos Post-its e colam no papel, ou parede, de acordo com cada um dos pontos, assinalados de 1 a 6, conforme a seguir, presentes no desenho do mapa.

1) O que vê?

Esse primeiro quadrante fala dos estímulos visuais que sua persona recebe.

- Como é o mundo em que a persona vive?
- O que ela avalia da casa dos amigos e vizinhos?
- Como é a relação dela com a família?
- Como são seus amigos?
- O que é mais comum no seu cotidiano?
- Quais opções o consumidor tem?

2) O que ouve?

Aqui, pense no que sua persona ouve, não somente no sentido sonoro, de músicas ou conversas, mas também nas influências que recebe de fontes diversas, como os meios de comunicação.

- Quais pessoas e ideias influenciam a persona?
- Quem são seus ídolos?
- Como o ambiente influencia?
- Quais suas marcas favoritas?
- Como é a sua relação com aplicativos de música e rádio online?
- Quais produtos de comunicação consome?
- Que mídia mais consome?

BRAND CANVAS

3) O que pensa e sente?

São as ideias que seu produto ou serviço desperta na mente dos consumidores.

- Como a persona se sente em relação ao mundo?
- Quais as suas aspirações?
- Quais as suas preocupações?
- Quais os seus sonhos?
- O que ele não quer de jeito algum?
- O que ele espera de marcas?
- O que ele espera do segmento (da marca com a qual você está atuando)?

4) O que fala e faz?

Esse item diz respeito ao consumo do produto ou serviço, desde quando a persona toma a decisão de comprá-lo. Para entender o que sua persona fala e faz, preste atenção ao comportamento dela: ao discurso que faz e ao que pratica.

- Sobre o que sua persona costuma falar?
- Qual seu estilo de moda?
- Como se veste?
- Ao mesmo tempo, como age?
- Quais seus hobbies?
- O que ele quer expressar?
- Como pesquisa sobre marcas?

5) Quais suas dores?

Corresponde às dúvidas e aos obstáculos que o seu público precisa superar para consumir seu produto.

- Do que sua persona tem medo?
- Quais suas frustrações?
- O que está errado em sua vida?
- O que ele busca que a marca cure?
- Que obstáculos precisa ultrapassar para conseguir o que deseja?
- No que se inspira?

6) Quais suas necessidades?

Tem relação com o que você pode colocar em prática para surpreender seu público-alvo, mostrando possibilidades.

- O que é sucesso para sua persona?
- Aonde ela quer chegar?
- O que é ideal para ela?
- O que acabaria com seus problemas?
- O que é sucesso para ela?

Crie a Matriz de Conteúdo

Basicamente, essa matriz é composta de quatro quadrantes, em que todos os conteúdos que saíram no Mapa de Empatia são organizados em cada um dos quadrantes, da seguinte forma, com base no conteúdo para:

- **Entreter** = conteúdo emocional + consciência de marca.
- **Inspirar** = conteúdo de compra + conteúdo emocional.
- **Convencer** = conteúdo racional + conteúdo de compra.
- **Educar** = consciência de marca + conteúdo racional.

Essa matriz será a base para conteúdos em todas as plataformas, não apenas nas redes sociais, mas também no site, blog, e-mail marketing, campanha de banner, vídeo no YouTube, e-books, artigos para a imprensa, entre outros.

Quando se identifica um assunto a ser abordado que tenha um viés mais voltado ao entretenimento do público, algo que facilmente vá para o Reels do Instagram, esse conteúdo precisa ser mais emotivo, ou seja, gerar emoção em quem vê. Segundo estudos psicológicos, nós temos seis emoções universais: a tristeza, o medo, a raiva, o nojo (ou aversão), a surpresa e a felicidade. Qual você quer provocar no consumidor para que ele compre a sua marca?

Esse campo da emoção pode ser ainda mais aberto, quando pensamos que mais estudos mostram que, na verdade, o ser humano chega a ter 27 tipos de emoções, como: diversão, ansiedade, estranhamento, desejo, excitação, temor, medo, horror, tédio, calma, empatia, dúvida, nojo, encantamento, nostalgia, satisfação, adoração, admiração, apreço visual, inveja, romance, tristeza, surpresa, simpatia, triunfo, interesse e alegria. O campo se abriu mais.

BRAND CANVAS

Sabe a propaganda das Havaianas, que conquista você pelo humor? Ou a campanha da Johnson&Johnson, que usa um bebê para emocionar? Então, estas são mensagens claras de marcas usando a emoção como um poderoso elo entre marcas e pessoas, como de fato é.

Quando se fala de consciência de marca, o conceito de branding entra com os "os dois pés no peito". Pessoas precisam ter a percepção de que a marca faz sentido na vida delas, e é aí que os 5Ps de Branding e a proposta de valor se fazem muito importantes.

Conteúdos de compra e racionais são mais simples. Basicamente, são preço, qualidade e diferenciais tangíveis de produto. O design do iPhone é visível e tangível, já o seu propósito de marca, "mudar o mundo e a forma como as pessoas se comunicam", não é nada tangível, mas se vê no produto.

ATRIBUTOS EMOCIONAIS

Olhe que dado interessante o site Consumidor Moderno publicou em março de 2020: "especialistas afirmam que, por dia, uma pessoa chega a tomar cerca de 30 mil decisões, sendo que 95% delas acontecem de forma intuitiva e emocional. A mesma teoria se aplica para as decisões de compra: elas são muito mais motivadas pelos fatores não racionais do que pelos racionais". Quando incluímos o neuromarketing no assunto, ele aponta que 95% das nossas decisões são inconscientes, ou seja, tomamos decisão de compra baseados na emoção, ao passar pela loja e ver um produto, por exemplo.

O mesmo site, Consumidor Moderno, através de uma pesquisa, mostrou que a Arezzo é a marca com maior vínculo emocional junto às suas clientes, acompanhada de Mucilon (Nestlé), Ninho (Nestlé), Apple, Molico (Nestlé) e O Boticário, respectivamente, sendo, segundo a pesquisa, as seis marcas com maior vínculo emocional com seus públicos. Essas marcas ganham um poder junto ao consumidor pelo trabalho emotivo que sempre fazem. Perceba que, das seis marcas mais citadas, três são da Nestlé, uma marca que está sempre presente na vida das pessoas; segundo um estudo da marca, 100% das residências no Brasil têm ao menos um produto da marca presente no armário. A proposta de valor da marca é "levar nutrição adequada aos lares dos consumidores, contribuindo para a saúde e o bem-estar de suas famílias". Não tem como ser uma marca com essa proposta de valor e fugir de um apelo emocional fortíssimo.

Os atributos emocionais de marca são aqueles que falam com o coração do consumidor, são apelos que não são tangíveis, e sim mais românticos.

ATRIBUTOS EMOCIONAIS

Os atributos racionais, que veremos no próximo capítulo, são mais voltados aos benefícios, enquanto os emocionais são mais relacionados aos sonhos que o gestor tem para o seu negócio. Nenhuma decisão é tomada apenas pelo lado racional, tampouco só levada pela emoção. Esses dois fatores precisam estar balanceados, para gerar um misto de encantamento e pensamento lógico no consumidor, que assim fará uma compra consciente e de impacto.

O segredo para as marcas está, portanto, em mesclar esses fatores para não deixar o produto nem muito apelativo nem muito "seco", sem um fator de encantamento. As emoções que mais influenciam as compras são: ganância, pela recompensa que a decisão garantirá; medo, por pensar no que pode acontecer caso a decisão seja errada; altruísmo, por imaginar o impacto que a decisão terá em outras pessoas; inveja, por comparar o que os outros têm ou podem ter; orgulho, pelo sentimento de ter tomado uma boa decisão; e vergonha, por ter deixado passar uma boa oportunidade.

Esses apelos de comunicação, que algumas fórmulas prontas apontam como "gatilhos mentais" — eu não gosto de usar esse termo e o apresento apenas para quem está acostumado a ouvi-lo entender que é a mesma coisa —, são importantes para montar esse lado emocional de marca. Emoções estão ligados a desejos, e são esses desejos que nos movem a fazer algo, a tomar uma atitude, por exemplo. O desejo de ter uma marca mais forte é que o fez comprar este livro, ao passo que o desejo de compartilhar informação é o que me moveu a escrevê-lo.

Quando você for montar a lista de atributos emocionais para a sua marca, pense que é preciso ter uma lista curta e direta. No caso da Aposta1, por exemplo, criamos uma linha com cinco atributos a serem trabalhados na comunicação da marca. Um ponto a destacar aqui é que você entenda que, para criar uma campanha, mesmo que seja apenas um post do Instagram, tem muito estudo por trás. Não é apenas criar uma linha de posts, textos sem conexão com marca e uma imagem de banco de imagens; isso é ir pelo caminho mais fácil. Para conquistar pessoas é preciso ralar muito — ou você acha que eu conquistei a minha esposa com três mensagens de WhatsApp e um post no Facebook?

Tudo o que você levantar de atributos da marca, que entender ser algo que conquiste o coração do seu público, se encaixa nesse quesito emocional, por exemplo, gerar experiências impactantes é algo que vai ficar na mente do seu público por muitos anos. Marcas que transformam sonhos em realidade são outro ponto que pode ser icônico na mente do consumidor, como o programa Porta da Esperança. Quantas vidas o genial Silvio Santos não mudou com esse programa? Pergunte a "Dona Maria", que em 1989 ganhou uma casa no programa, o que a marca SBT representa para ela. Duvido que ela não chore ao falar do SBT, que tem um apelo muito forte nesse quesito de realizar sonhos.

Tudo o que mexe com a emoção e gera o desejo é algo que pode ser emocional. Por exemplo, desafiar as pessoas. Videogames são altamente emocionais, pois colocam à prova os limites das pessoas, uma vez que sempre estamos querendo ganhar. *Fifa*, um dos jogos mais consumidos no mundo, é uma partida de futebol em que um jogador quer ganhar do outro e da máquina. Deixe a Patricia, de 16 anos, ser campeã do *Fifa* em um campeonato na sua escola para ver o quão emocional isso vai se tornar para ela e as pessoas à sua volta. Construir parcerias é outro apelo emocional, ainda mais quando uma marca atua no mercado B2B; ninguém quer apenas comprar, as pessoas precisam de ajuda.

Na Agência Varanda, eu atendi a Hossokawa, de Manaus. Ela é uma marca B2B que representa outras marcas, ou seja, não há grandes diferenciais de produto, já que seus concorrentes representam os mesmos produtos. Porém, o Alexandre, diretor da marca, tem um diferencial altamente emocional: ele dá um treinamento gratuito a quem compra os produtos, ensinando a otimizá-los, e com isso ele fideliza, pois ele ajuda no uso. Em um primeiro momento, ele pode estar perdendo vendas, afinal, quanto mais as empresas usarem os produtos de limpeza que ele vende, mais comprarão com ele; só que, inteligente, Alexandre perde vendas e ganha clientes, pois a sua conexão emocional ao ser um parceiro de verdade faz com que seus clientes confiem nele.

Os atributos emocionais são localizados no momento em que você, na metodologia dos 5Ps de Branding, está construindo a percepção de marca, e não há nada mais ligado a ela, uma vez que a percepção de algo tem um forte apelo emocional. No Brand Canvas, seja sucinto nesse campo, por favor.

ATRIBUTOS RACIONAIS

Como demos um pequeno "spoiler" no capítulo anterior, os atributos racionais são muito mais que benefícios. Se os atributos emocionais são mais intangíveis, os racionais são totalmente tangíveis. Se a emoção trabalha no sonho, a razão trabalha na realidade. Quando a emoção da marca trabalha no acolhimento das pessoas, o racional quer uma sala VIP no aeroporto especial para quem usa determinado produto. Se a emoção diz, a razão faz.

Basicamente, é assim que podemos definir uma diferença entre eles. Racional está muito ligado à qualidade e ao preço, ou seja, ao que eu vejo. Quando a Apple diz "pense diferente" em seu slogan, fica em um campo imaginável, dos sonhos, todo mundo quer pensar diferente — já dizia Nelson Rodrigues, "toda a unanimidade é burra. Quem pensa com a unanimidade não precisa pensar". E por mais que vejamos milhares de pessoas que pensam igual a quem as mandou pensar, ninguém quer ser taxado assim, as pessoas querem sempre parecer as mais inteligentes, e algumas realmente o são. A Apple lhe diz para pensar diferente, mas se os produtos e as campanhas forem iguais a quaisquer outros, ela não está fazendo o que promete, ou seja, o atributo racional do produto está longe do emocional, e essa desconexão é prejudicial para a marca, pois o discurso e a prática, se não andarem lado a lado, não duram muito tempo.

Os atributos racionais trazem algo para as pessoas. Trazer nova cultura de mercado, por exemplo, é um novo jeito de usar o banco. O C6 Bank é um banco digital dentre os mais famosos da atualidade, com mais de 10 milhões de correntistas. Em seu site, eles dizem que "o C6 Bank nasceu com o propósito de fazer parte da sua vida. Com a nossa área de Impacto Social, trabalhamos para promover a inovação tecnológica, a educação financeira e formar agentes multiplicadores de transformação social".

Até aqui, temos uma proposta de valor bem clara, algo que, pelo menos na frase, está no âmbito emocional, mas quando vamos descendo no site do banco, vemos que eles têm ações mais focadas nos atributos racionais, que condizem com o que falam sobre os atributos emocionais, por exemplo "a tecnologia é um pilar central dentro da nossa visão de transformação social. Quando bem utilizada, ela ajuda a superar distâncias e a multiplicar o conhecimento. E, para ter impacto real, deve ser acessível e universal", ou seja, o atributo emocional de promover a inovação tecnológica como impacto social está sendo executado com cursos que a marca promove.

Uma marca pode oferecer segurança para que as pessoas façam algo. A Nestlé, para usar o mesmo exemplo do capítulo de atributos emocionais, traz um poder de segurança de marca que poucas marcas conseguem, afinal, uma mãe usa os produtos com seus filhos recém-nascidos sem questionar muito. Tem o lado emocional de a mãe dela ter usado com ela também, mas há ainda o lado racional de se pagar um pouco mais caro por um produto Nestlé.

Quando uma empresa amplia a possibilidade de as pessoas ganharem algo real, este pode ser um atributo racional. Claro que isso não se enquadra em uma campanha, mas é o caso de quando a empresa oferece isso, como uma XP Investimentos, que trabalha para que os clientes possam ganhar dinheiro todos os dias, com aplicações — e dinheiro na conta é algo tangível e que agrada a qualquer um, não é?

BRAND CANVAS

O atributo racional é descoberto no momento em que, nos 5Ps de Branding, é analisada e descobre-se a promessa da marca. Promessa é dívida, logo, é preciso entregar algo palpável para o consumidor. Quando a Mercedes-Benz promete, em seu posicionamento, o "melhor ou nada", se o seu carro der algum tipo de problema, o posicionamento se perde. Mas, como atributos racionais da Mercedes, podem-se trabalhar a dirigibilidade, o conforto, o motor potente — presente na Fórmula 1 — com ampla tradição de vitórias, ao passo que o emocional da marca vem com o status que ela traz para quem a consome.

Na FM CONSULTORIA, temos atributos racionais muito sólidos, como: pesquisa, planejamento, conhecimento, estratégia, tática e resultados. Isso é o que entregamos aos nossos clientes. Não começamos nenhum projeto sem muita pesquisa antes, não entregamos um post de Instagram sem muita pesquisa. Estudamos sobre marcas, comunicação, comportamentos e mercados todos os dias. Tudo isso para que as ações gerem resultados aos clientes, ou seja, a nossa promessa de marca se enquadra com os nossos atributos racionais de marca, afinal, promessa é dívida, lembra?

Quando desenhamos o Branding da GDB — Global Data Bank, empresa que atua na área de mídia programática com diferenciais bem consistentes —, entendemos que o trabalho da marca era agregar valor aos projetos de mídia, ou seja, não era apenas pegar um banner e subir em um site qualquer. Há toda uma inteligência de negócios por trás disso, logo, a tecnologia de ponta era outro atributo racional, somado ao pioneirismo no segmento, e tendo a privacidade de dados como o pilar principal da marca. Em suma, tudo o que ela realmente entrega ao mercado publicitário.

Você pode estar se perguntando como chegamos a essas conclusões. A resposta é simples: pesquisando. Quando comecei a desenhar o branding da FM CONSULTORIA, eu pesquisei com o mercado o que as pessoas esperavam da empresa. O fato de eu sempre escrever o nome dela em caixa-alta é apenas para diferenciar no texto corrido, não para pressupor alguma superioridade; eu sempre ouvi o mercado, assim como, quando fui desenhar o modelo da GDB, ouvi mais de 30 pessoas dentre equipe interna e clientes. Foi um trabalho muito bacana, que culminou em um novo posicionamento muito alinhado ao momento da marca.

Quando for preencher os atributos racionais de marca na planilha do Brand Canvas, seja sucinto. Sei que estou sendo repetitivo nesse ponto, mas é importante, pois, na ânsia de escrevermos pontos que nos diferenciam, deixamos de lado esse poder de síntese, importantíssimo para o bom desenvolvimento do projeto.

DNA DE MARCA

Esse conceito tem muito a ver conosco, seres humanos. Não dizem que marcas são como seres humanos? Então, ter um DNA faz todo o sentido! O DNA de marca é aquela característica única de como a marca é! Assim como nós, seres humanos, temos características únicas herdadas dos nossos pais, as empresas seguem — ou deveriam — a mesma linha de pensamento, elas têm um DNA próprio que deve ser herdado de quem as fundou, ou seja, seus pais.

Marcas são formadas por um conjunto de características que têm origem na sua essência. As marcas contêm códigos, assim como o DNA dos seres vivos. Na biologia, o DNA carrega as informações genéticas de um ser vivo, sendo responsável por todas as suas características. Nas marcas, não é diferente. Ele é a essência do negócio e compõe uma base para diversos aspectos, como a imagem e as estratégias utilizadas.

Segundo o site PDI Gestão de Carreira: *"Você já pensou, por exemplo, no motivo que faz as pessoas pagarem muito mais em um produto por causa da sua marca? Elas não compram apenas objetos, compram tudo o que ele representa. Elas compram o seu DNA. Apple, Ferrari, Chanel, Nestlé e Coca-Cola não comercializam só mercadorias. Essas empresas vendem as suas histórias, bem como as sensações envolvidas no consumo dos seus produtos. É por isso que elas têm o reconhecimento do mercado"*. Esse pensamento deve direcionar a construção do DNA da sua marca, que precisa estar alinhado com os pilares da marca — no Brand Canvas, você desenhou muitos deles já — e relacionado com a história que a marca está contando. Lembre-se de que marcas contam histórias todos os dias.

A FM CONSULTORIA tem, em sua marca, muito de mim. Não somos uma empresa que vestiria, se fosse uma pessoa, terno e gravata, mas sim calça jeans, camiseta e um blazer, sendo uma empresa mais descolada. Não seria aquela pessoa quieta no canto da sala, mas a que dominaria o ambiente com alegria e muita conversa. Quem me conhece sabe que eu "falo pouco".

Se a FM CONSULTORIA fosse uma pessoa, não seria toda formal, com notebook de última geração e smartwatch, até porque eu tenho um lado tradicional, gosto muito de escrever com caneta ou lapiseira, em um caderno, e nunca sonhei com relógios inteligentes, mas uso os tradicionais. Ela seria uma pessoa que não toma cerveja, mas Coca-Cola, que leva a vida de uma forma mais leve, amorosa com aqueles que estão à sua volta e que é grata com quem a ajudou. Os funcionários, caso ela fosse chefe, jamais seriam guiados por gritos e imposições, mas sim por compartilhamento de conteúdo, conhecimento e ideias. Esse é a DNA da FM CONSULTORIA, pois é isso que eu quero passar com a minha marca.

Agora como achar o DNA da sua empresa? O meu exemplo não foi para ficar me exibindo ou fazendo propaganda da minha empresa, mas para você entender a lógica do raciocínio. Para achar o DNA da marca, comece achando o DNA do fundador, ou da fundadora, dessa empresa. O propósito, é claro, é uma das partes mais importantes para achar esse DNA. Veja, de novo, que há uma fusão entre os vários pontos, um apoia o outro, um embasa o outro, um é importante para achar o outro.

No fim do dia, tudo o que você vai colocar de informação no Brand Canvas já existe, precisa apenas de metodologias para escavar os pontos. Tudo está ali, às claras, mas não se não houver uma pessoa para recolher as informações e direcionar a comunicação, com base nessas informações, qual diferencial de marca você terá?

O Brand Canvas é importante para criar esse mapa e mostrar como a comunicação deverá caminhar. É para isso que você cria esse mapa, no qual o DNA pode ser, também, o mesmo que o famoso USP (Unique Selling Proposition), que já vimos aqui, principalmente nas 11 Verdades da Marca.

Segundo o site Repertório Talks, *"uma marca se diferencia no seu segmento e no mercado graças ao conjunto de informações que ela carrega. Por meio da sua identidade e sua personalidade. São essas informações que projetam uma estrutura de características que lhe dão um significado único e distinto. Tais elementos conversam com seus públicos de interesse e criam vínculos mais verdadeiros. Laços que se traduzem numa conexão emocional que só um DNA legítimo pode criar"*. Baseado em tudo o que vimos, acho que você já pode iniciar os estudos para descobrir qual o DNA da sua marca. Como disse, ele já existe, agora cabe a você, com a sua metodologia, encontrar esse DNA e colocar mais um item para, assim, finalizar o seu mapa do Brand Canvas.

FASE QUE RESUME TUDO
E CRIA-SE O DNA DA MARCA

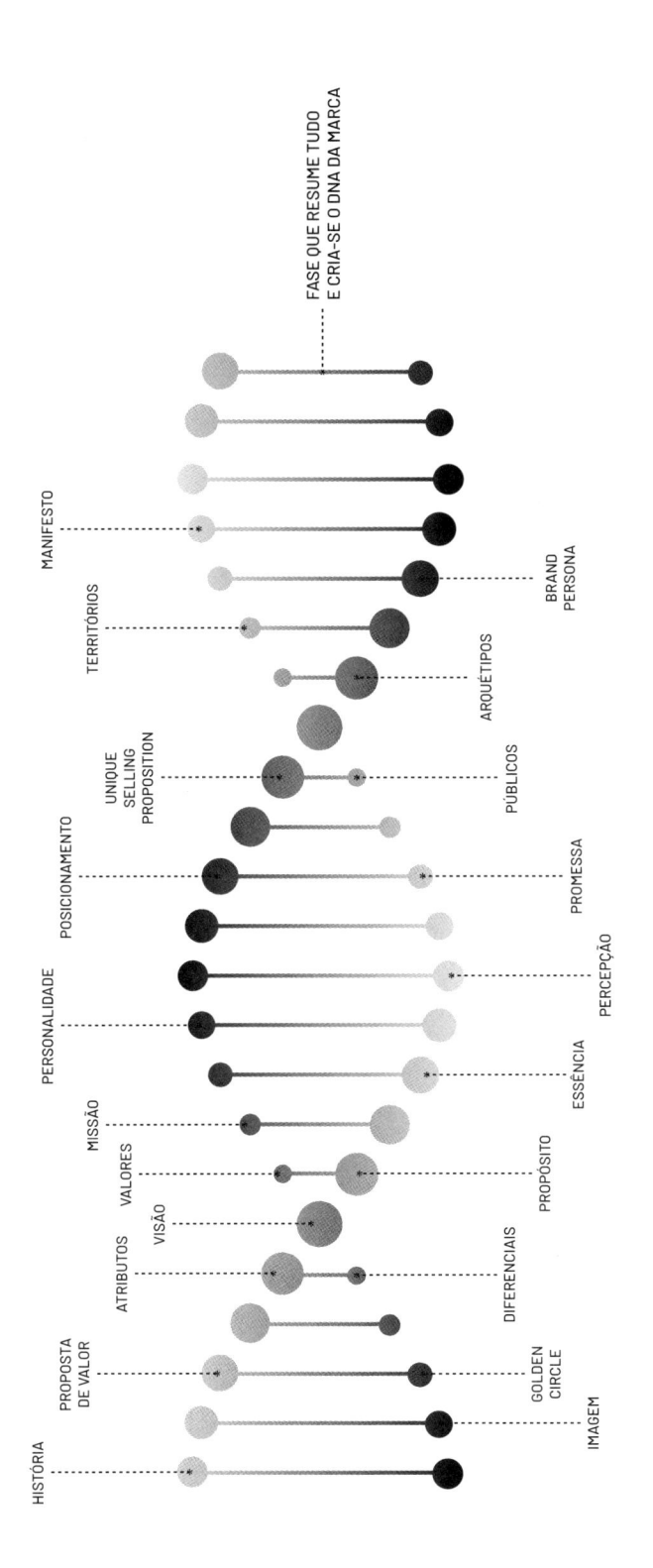

MANIFESTO

TERRITÓRIOS

BRAND PERSONA

ARQUÉTIPOS

UNIQUE SELLING PROPOSITION

PÚBLICOS

POSICIONAMENTO

PROMESSA

PERSONALIDADE

PERCEPÇÃO

ESSÊNCIA

MISSÃO

VALORES

PROPÓSITO

VISÃO

ATRIBUTOS

DIFERENCIAIS

PROPOSTA DE VALOR

GOLDEN CIRCLE

HISTÓRIA

IMAGEM

BRAND CANVAS

Aqui na FM CONSULTORIA, criamos esse desenho de DNA de marca, com o qual você poderá entender como criar a frase do DNA. Repare que ele tem um esquema parecido com o DNA de um ser vivo, ou seja, tudo se conecta de uma forma que faz com que, realmente, a marca seja única. Você já descobriu muitos desses pontos fazendo os 5Ps de Branding e colocando essas informações no Brand Canvas, agora é somar os pontos e criar a frase.

Como preencher esses campos?

A metodologia do Brand Canvas é parte de uma metodologia maior, chamada 5Ps de Branding, a qual eu detalho no meu livro *Planejamento de Marcas no Ambiente Digital* (DVS Editora). Nós usamos essa metodologia de DNA da marca para definir o que a marca tem de único. No desenho, você pode reparar que há diversos campos para serem preenchidos; todos eles você conseguirá nas pesquisas de imersão. Durante a escrita do livro, eu lancei um e-book dedicado apenas ao DNA de marca, gratuitamente, porém, neste capítulo, vou incluir as partes mais importantes, ou seja, como preencher cada um dos pilares do DNA de marca.

Você já viu no desenho do Brand Canvas que o DNA de marca é um pilar da matriz, mas, para incluí-lo nessa matriz, você precisa de uma frase única; porém não ache que, por ser uma frase única, é fácil de se chegar a ela, que basta pedir ao redator que crie uma e está tudo certo. Quanto mais aprofundá-la, melhor, por isso existem metodologias. Como disse no capítulo anterior, as informações da empresa estão todas lá, é preciso apenas escavar e achá-las.

Na metodologia 5PS de Branding, você vai conseguir fazer pesquisas de imersão, chamadas Razão da Marca e Voz das Ruas, para encontrar as informações necessárias. Desculpe se falo muito da metodologia 5Ps de Branding, mas este livro é uma continuação do anterior, e o Brand Canvas nasceu dessa metodologia, e uma coisa está ligada à outra.

Pode ser que aqui você veja conceitos já vistos no livro anterior, e isso é ok, uma vez que a metodologia do DNA de Marca consiste em pegar diversos pontos já pesquisados durante as fases 1 e 2 dos 5Ps de Branding — Razão da Marca e Voz das Ruas, respectivamente — e organizá-los, para que os estudos praticamente lhe entreguem a frase do DNA.

Metodologias servem para facilitar a nossa vida. 5Ps, 11 Verdades da Marca, Brand Canvas, Palavra-mágica e DNA de Marca, por exemplo, são formas de criar um mapa, na sua frente, para mostrar os caminhos. A frase do DNA são será construída sozinha, mas ter esse mapa aberto na sua frente vai, sem dúvida, deixar as coisas mais claras para chegar a ela. O redator poder ajudar, certamente, mas ele precisa ter uma base, certo? O Brand Canvas é essa base, e o DNA da marca vai ajudar ainda mais. Espero que você esteja compreendendo que estamos falando de uma máquina, cujas engrenagens precisam andar de forma correta e na mesma direção, por isso não se preocupe com repetição de conceitos, afinal, um dos meus grandes ídolos, Telê Santana, dizia: "Atingir a perfeição é impossível. Mas aproximar-se cada vez mais dela, não". E ele defendia a repetição como a melhor forma para chegar à perfeição. Então, vamos seguir os ensinamentos do mestre Telê Santana, que fez tanto pelo futebol, sendo considerado um dos melhores técnicos do mundo, e que no meu querido São Paulo Futebol Clube fez a sua grande obra de arte!

A seguir, você vai compreender melhor como preencher cada ponto do DNA de marca, seguindo o e-book que lancei no começo de 2022, para chegar à frase que realmente remeta ao que a sua marca tem de único!

Imagem da marca

Como a sua marca precisa ser vista? Nesse primeiro ponto, você deve ter bem claro como as pessoas precisam enxergar o que a sua marca faz. No P de Percepção, você terá essa clareza, portanto, resgate essa imagem desejada.

Lembre-se de uma frase-mestra do branding: "marcas não são o que elas dizem; marcas são o que as pessoas percebem", portanto a imagem da marca é buscada diariamente.

As pessoas precisam bater o olho na sua marca, produto ou serviço e saber do que se trata. Quando vemos um M amarelo sob uma base vermelha, já sabemos que ali podemos comer um sanduíche e tomar um refrigerante — já reparou que o nome McDonald's saiu dos novos luminosos?

Quando dizem que "uma imagem vale mais do que mil palavras", não é à toa: trata-se de um ditado muito popular e verdadeiro. A imagem da marca pode ser um logo, uma pessoa, um ícone ou mesmo o produto mais conhecido. Cabe ao estrategista definir qual será essa imagem.

As marcas têm o papel de gerar conforto para quem quer comprar, e esse papel de acolher é uma imagem que a marca precisa transmitir para confortar as pessoas; não estamos falando apenas de pandemia, pois tal imagem já deveria ser passada antes, a pandemia só reforçou esse ponto.

Marcas precisam ser autênticas e reais, sem isso, a imagem da marca pode ser muito arranhada. Quem gosta de mentiras? Além disso, as mensagens precisam resgatar a essência da marca, pois mostrar todo o processo de construção de marcas e produtos, desde que real, cria uma conexão importante.

História da marca

Quem é a empresa? Como surgiu? Quem fundou? Por quê? São perguntas simples de responder, desde que as pessoas certas sejam entrevistadas.

Nem sempre é possível conversar com o(a) fundador(a) da empresa, mas a história dela já foi contada por muitas pessoas. Nesse momento, analisar as campanhas antigas pode ser uma boa saída.

Normalmente no site há uma página "nossa história", mas nem sempre ela está completa, e às vezes me dá a sensação de que a página está ali "porque o chefe mandou", e não com um propósito claro— aliás, a palavra *propósito* me remete à importância da história clara e bem contada das marcas.

Em muitos casos, há pessoas com muitos anos, ou até décadas, de serviços prestados à empresa. Converse com elas. Converse com todo mundo que for possível; se conseguir, com os fundadores, o que seria melhor dos mundos, ainda que, como disse, nem sempre seja possível.

Para entender a história, é preciso ir a fundo nela, perguntar, questionar e pesquisar. É como se o espírito do Indiana Jones baixasse em você. Um ponto que levanto muito em branding é que as informações para construir e fortalecer a marca estão todas ali, basta pesquisar que você vai achar.

No processo de Razão da Marca, da metodologia dos 5Ps de Branding, você terá feito a imersão necessária dentro da empresa. Terá conversado com o maior número de pessoas e analisado todo o material necessário para entender mais da marca. Essa é a ideia!

Golden Circle

Metodologia criada por Simon Sinek para descobrir o porquê das marcas, ela ajuda no propósito. Descubra por que a sua marca faz o que ela faz.

Vale muito ver o vídeo do Simon Sinek no YouTube (TED Simon Sinek Golden Circle). A qualidade não é lá essas coisas, mas o conteúdo é ótimo, então concentre-se no aprendizado, que é muito mais importante que a estética, concorda?

Segundo Simon: "as pessoas não compram o que as empresas fazem, mas o porquê fazem" — uma frase bem emblemática no mundo do marketing. Quando se é um(a) estrategista, já está dentro de cada um de nós que as pessoas não mais compram produtos, e sim solução para seus problemas. Se a marca for forte em sua mente, o casamento é perfeito!

Suponha que você queira comemorar, na sexta-feira, a sua promoção na empresa, chamando todos os amigos para um happy hour às 18h. Outback vem à sua mente? Pois ele vem à sua e à de outras milhares de pessoas, porque a marca construiu isso.

O seu problema: onde fazer um happy hour gostoso, com cerveja gelada e bons petiscos? Há muitas opções, mas qual dessas marcas está mais forte na sua mente?

No momento da Razão da Marca, na metodologia dos 5Ps de Branding, você precisa descobrir o propósito da empresa, aliás, um dos 5Ps é esse, e ficará mais fácil para você entender o porquê da marca, uma vez que o Golden Circle é fundamental para cavar o propósito da empresa.

Proposta de valor

De forma resumida, em duas ou três frases, no máximo, responda: o que a sua marca entrega para as pessoas? O que a sua marca agrega na vida das pessoas por meio de seus produtos ou serviços? O que a empresa oferece realmente para as pessoas? A partir daí, vários outros pontos vão nascer. Confesso que, quando pensava nos 5Ps de Branding, pensei em incluir o sexto P, Proposta de Valor, mas o livro já estava pronto e não poderia ser mais alterado.

Da proposta de valor, sai, por exemplo, o USP, ou seja, o Unique Selling Proposition, que você verá mais à frente. Da proposta de valor, saem alguns elementos que ajudam a construir um outro P, de Percepção. Da proposta de valor, saem caminhos para a mensagem e a imagem da marca, o que vimos em capítulos anteriores.

A proposta de valor é uma das principais razões pelas quais um cliente compraria o seu produto e não o dos seus concorrentes. Em poucas palavras, a proposta de valor explica como o seu produto resolve os problemas dos clientes ou melhora a situação deles, ou seja, oferece relevância.

A verdade é que você só vai vender mais se entender o que realmente gera valor ao seu cliente. E para entender o que o motiva, é necessário conhecer bem o seu público, o que você terá feito ao passar pela segunda fase da metodologia 5Ps de Branding.

É também na Razão da Marca que você identifica a proposta de valor, mas não deixe de entender insights do consumidor para montar a sua, afinal, a percepção dele de valor da marca é mais importante do que o que a

BRAND CANVAS

empresa diz ser. Lembre-se de que na era do branding as marcas são o que as pessoas entendem que elas são. Pagar 5 mil reais em uma caneta é um absurdo! Pagar o mesmo valor em uma Montblanc ou Cartier já não é mais tão absurdo.

"Produto é tudo igual, se pensar apenas em negócio e segmento. Marcas são diferenciais, pois criam a cultura e como a proposta de valor é entregue. Marcas não sustentam ofertas sem qualidade e transparência. Marcas não salvam empresas sem uma proposta de valor clara, que tenha posicionamento e que responda às novas demandas da sociedade", segundo Ana Couto.

Diferenciais

No que a sua marca, produto ou serviço se diferencia do mercado? Essa resposta fica muito mais assertiva quando você não toma essa decisão, mas ouve o que as pessoas percebem de tudo.

Pense sempre, todos os dias: por que as pessoas vão comprar da sua empresa e não da concorrente, se é tudo igual? Porque comer um hambúrguer no Burger King, e não no McDonald's? Apenas por gosto? Difícil a resposta ser tão simples, pois há muitas variáveis para essa decisão, entre elas preço, localização, gosto e poder da marca na mente do consumidor.

Você pode se diferenciar por preço, por exemplo, mas esse pode ser um perigo. Se for o mais barato e as pessoas chegarem a você por isso, se uma marca vier 5% mais barata, elas migrarão bem rápido. Se você é o mais caro, as pessoas podem não perceber esse valor extra e não comprar, por achar que o custo-benefício não vale a pena.

Atributos emocionais

Eles são o que conquista o coração das pessoas. Este é o lado mais romântico da propaganda, aquele lado sedutor que mostra para o público o quão melhor, como pessoa, ele será se usar esse produto, marca ou serviço.

Sabe aquelas propagandas de perfume, em que um casal maravilhoso aparece em meio a uma praia deserta e paradisíaca, em um barco, o modelo pula no mar enquanto a modelo o observa sentada em um pequeno barco; então, ele sai do mar, entra no barco e ambos dão um romântico beijo?

O que isso tem a ver com um perfume? Aparentemente nada, a não ser que todo esse filme é um apelo muito emocional para transportar você a um universo mágico e fazer com que você sonhe com aquela vida, cujo vínculo para tê-la é o perfume.

A emoção na propaganda é um velho, porém excelente, recurso, usado há muito tempo, em milhares de campanhas. As mais usadas, além da descrita, totalmente voltada à sedução são o humor e o drama. Havaianas é uma marca, assim como Skol, que trabalha muito bem o lado do humor.

O drama nem sempre é o choro, mas sim a emoção, como uma propaganda antiga do Itaú em que um pai andava de um lado para o outro com a esposa grávida, e a locução dizia que somente sendo um louco para ser pai.

Era um texto que mostrava todas as vantagens de não ser pai, mas, no final, mostrava o ator abraçado ao filho dizendo que tudo o que havia sido dito não importava, pois ser pai é maravilhoso! Eu sou pai e posso dizer que isso é verdade!

As marcas têm sempre esse atributo, como uma arma de sedução muito poderosa. Afinal, como Washington Olivetto afirma: "empatia e bom humor sempre foram o segredo da publicidade. O ser humano é simples, ele se conecta com quem é empático e engraçado" — essa é a receita do cérebro por trás do "Garoto Bombril".

Atributos racionais

É o que conquista o bolso das pessoas com relação à sua marca é e o que seus produtos e serviços podem fazer para mudá-las. Diferentemente do atributo emocional, que conquista o coração, os atributos racionais conquistam o bolso.

Se a emoção trabalha no sonho, a razão trabalha na realidade. Quando a emoção da marca trabalha no acolhimento das pessoas, o racional quer uma sala VIP no aeroporto especial para quem usa determinado produto. Se a emoção diz, a razão faz.

O atributo racional é descoberto no momento em que, nos 5Ps de Branding, é analisada e descobre-se a promessa da marca. Promessa é dívida, logo, é preciso entregar algo palpável para o consumidor. Quando a Mercedes-Benz promete, em seu posicionamento, o "melhor ou nada", se o seu carro der algum tipo de problema, o posicionamento se perde. Mas, como atributos racionais da Mercedes, podem-se trabalhar a dirigibilidade, o conforto, o motor potente — presente na Fórmula 1 — com ampla tradição de vitórias, ao passo que o emocional da marca vem com o status que ela traz para quem a consome.

BRAND CANVAS

Propósito

O que a sua marca faz e por quê. Está totalmente ligado ao Golden Circle, mas também a outros pontos, como missão, visão, valores e promessa de marca. Eu gosto muito de uma frase do Jaime Troiano em que ele diz "uma marca sem propósito é uma marca sem alma", e eu acredito que ele tenha muita razão nessa frase.

O propósito não é criado, ele está dentro da empresa, ele é escavado. Quando você entender a fundo a história da marca, você conseguirá elementos para cavar o propósito da marca. Perceba como uma coisa é sempre muito ligada a outra. No processo de Razão da Marca é que se descobrem elementos que possam ajudar a desvendar o propósito da empresa.

As novas gerações têm pedido mais transparência das empresas, e o propósito guia essa nova responsabilidade de forma a serem mais assertivas. Por isso, a dica é para as pessoas terem, dentro dos pilares que compõem o propósito, o amor pelas pessoas — não apenas pelo consumidor, os colaboradores também entram nessa lista.

Missão, visão, valores, cultura, proposta de valor, filosofia de marca são pilares fundamentais para que o propósito seja descoberto, porém, como já foi dito por tantos estrategistas de marca, e só reforço aqui, o propósito não pode virar uma frase bonita na parede da sala de reunião. É preciso que seja um guia para o sucesso da empresa; tudo o que é feito dentro e fora da empresa, precisa ter o propósito como base.

As marcas precisam ter o poder de se ressignificar e gerar valor para a sociedade, de acordo com as novas demandas no mercado. Isso é ter um propósito claro! Um propósito único e claro ajuda as empresas a compreender toda a cadeia, ajuda a resolver os problemas da sociedade e a engajar todos os colaboradores; é um importante pilar para contar a história da empresa, algo que o marketing faz diariamente.

Visão

O que a empresa enxerga para ela? Qual a percepção desejada? O que a empresa entende ser importante para mudar o mundo é fundamental para conectar ao propósito.

Dentro de um plano de marca, a visão é importante, pois representa o começo de tudo, uma vez que é aquele insight inicial que leva a empresa a querer conquistar grandes realizações e a se empenhar cada dia mais nisso.

Se branding é a ponte para a construção de relações de valor e amizade entre pessoas e marcas, é preciso ter a visão de que marcas são o que as pessoas adotam. Elas compram produtos, mas adotam as marcas que fabricam esses produtos.

Valores

O que rege a empresa? Quais os valores morais que ela traz à sociedade? O que a constrói? Quais conceitos dirigem a marca? Essas são algumas das perguntas que você precisa responder para montar os valores da marca.

Muitas empresas criam uma lista com algumas palavras que contam os valores da empresa, mas todas estão cada vez mais parecidas, e o consumidor já não acredita mais nelas. Quando lê a declaração da missão e olha palavras como: confiança, credibilidade, transparência, solidez, segurança, você pensa o quê? Eu penso: "isso é o mínimo que se espera". Não é mesmo? Você quer comprar em uma empresa que não é transparente com o que faz? Em uma sem credibilidade? Eu não.

Quando não se tem um caminho para a marca, o que se vê é uma lista de palavras ao vento; parece que existe uma lista de palavras para montar os valores da empresa. Alguém seleciona dez, apresenta para o chefe, que seleciona seis ou sete, e pronto, está criada a declaração de valores da empresa. É assim que deve ser feito? Valores que não são genuínos não agregam em nada para a empresa, os colaboradores, os produtos, os serviços e, principalmente, para os consumidores.

Uma nova forma de apresentar valores não é mais uma grande lista de palavras, mas uma frase que una todas e tenha uma conexão com o propósito.

Não deixe que os valores da sua empresa fiquem apenas no campo das "palavras bonitas em um quadro". Há uma infinidade de empresas em que, se você perguntar para dez pessoas quais são missão, visão, valores, filosofia e propósito, nove não saberão responder e uma vai tentar ler discretamente os quadros presos na parede para responder.

Uma das coisas mais comuns que vemos são campanhas com ideias mirabolantes, mas que nada agregam à empresa. A constante busca pelo like a todo o custo faz com que a comunicação da empresa saia dos trilhos que o branding traçou e desfoca do seu DNA. E a culpa não é da agência, mas dos gestores de marca e marketing, que aprovam as ideias das agências, a grande maioria sem planejamento, apenas porque o criativo é engraçado, o time de social media acha interessante, e a mídia, se patrocinar os posts, ai sim dá resultado...

BRAND CANVAS

Ledo engano. Veja como é a atuação da Coca-Cola, Nike, Montblanc, Mercedes-Benz, Harley-Davidson nas redes sociais; leia suas propostas de missão, visão, valores, filosofia. Entenda seus atributos de marca, seu propósito para o mundo e seu DNA. Veja se elas têm o post caça-like ou o que conta as suas histórias baseados no seu DNA. E você, ainda fará post engraçadinho para a sua marca?

Essência

O que faz a marca surgir é ser única? O que faz a empresa ser o que ela é ou pretende ser? No que ela se diferencia da concorrência desde a sua fundação? Em resumo: por que existe e qual diferença faz na vida dos seus consumidores?

A essência talvez seja o mais importante para achar o DNA da sua marca, por uma razão lógica: essência é o que você é! A sua essência vem de todo o seu aprendizado desde quando você saiu da barriga da sua mãe. A forma como seus pais o educaram, o convívio com amigos e familiares, a região onde você morou, a escola que você estudou, as viagens que fez. Suas conquistas e frustrações. Os problemas que enfrentou, como os resolveu, as alegrias e tristezas. Tudo isso moldou o ser humano que você é, e vai continuar moldando, afinal, a cada dia a gente evolui.

Com as empresas ocorre a mesma coisa! Ou deveria, claro! Uma empresa que não evolui diariamente não dura muito tempo. Empresa que mantém o mesmo logo, mesmo posicionamento, mesma cultura, mesma visão, mesma forma de atuar e acha que as pessoas são iguais como eram há 20 anos não dura mais cinco anos nesse louco e cada dia mais tecnológico mercado. O varejo está cada dia mais digital, as pessoas não mais vivem sem internet, recebemos uma avalanche de informações diariamente. A essência não muda, mas evolui, assim como as pessoas, e as empresas sofrem do mesmo mal.

Camarão que dorme na praia, a onda leva. Velha história, mas interessante para reflexão: a Blockbuster poderia ter comprado a Netflix, mas a sua essência não era a tecnologia, mas sim o serviço e as lojas físicas. O mundo mudou, e a Netflix destruiu a Blockbuster em meses! A Blockbuster poderia ter migrado seu serviço para a internet, usado todo o seu conhecimento de negócios e ter mudado, sem mexer na essência, mas preferiu ficar presa ao maior erro dos negócios: "nós sempre fizemos assim...".

Descobrir a essência da empresa é fundamental para chegar ao seu DNA.

Missão

O que direciona a empresa? Qual a sua missão no mercado? Missão também é um importante pilar de construção do propósito. Qual caminho a empresa deve seguir para atingir seus objetivos?

Sem objetivo, não existe missão. Vamos trazer para o cinema, no qual a Jornada do Herói, de Joseph Campbell, é o recurso essencial para uma boa história. No meu filme favorito, *Transformers*, Optimus Prime precisa liderar os Autobots e proteger a Terra, para que os Decepticons, liderados pelo Megatron, não transformem o planeta em uma nova Cibetron, o planeta de origem deles. A missão é clara, há um objetivo, também claro, a ser conquistado com ela.

No universo das empresas, estamos diante da mesma coisa. A missão precisa ser tão clara como a do filme, mas precisa também ser razoável e alcançável. Não se promete ser o melhor serviço se não se entrega o melhor.

Simples assim, mas a missão vai além de uma promessa; ela é uma declaração do que a empresa busca e do motivo por que ela existe, não à toa, a missão é um pilar fundamental do propósito.

Percepção

Como as pessoas devem enxergar a marca? Esse ponto está muito ligado à imagem da marca.

Marcas não são o que as empresas dizem, mas o que as pessoas acham que ela é. Essa frase é um mantra no universo do branding, e é preciso que você não a leia apenas, mas acredite nela! Essa é uma das maiores realidades desse lindo universo de branding. Não se constrói percepção da noite para o dia. É preciso fixar na mente das pessoas o que a sua marca é. Nem todos vão entender e usar a sua marca como você, gestor(a), acredita que a marca deva ser, mas é preciso entender que isso é normal.

O McDonald's cria, desde sempre, uma marca de comida rápida. As pessoas entram na lanchonete, pedem, pagam e vão embora. Uma comida para quem tem pressa; entretanto, para muitas famílias, a lanchonete americana é o passeio de fim de semana com as crianças.

Construa a sua percepção de marca, não apenas baseado em mídia, mas em mensagem. O DNA da sua marca precisa estar bem claro na mensagem, afinal, a mídia é apenas a plataforma que impulsiona a mensagem para milhares de pessoas.

Personalidade

Repare que as pessoas de maior sucesso que você conhece têm personalidade forte e marcante. Vou falar apenas um nome: Steve Jobs.

Marcas são como pessoas, quanto mais marcante for a personalidade, mais sucesso ela terá. A personalidade de Jobs está eternizada na Apple, a qual ele construiu baseado nos seus valores e personalidade; genial como ele era, a marca não poderia ser outra coisa que não um grande sucesso.

Existe um exercício que se faz muito no universo do branding, que é: se a sua marca fosse uma pessoa, quem ela seria?

Para responder a essa questão, algumas pessoas que aplicam esse exercício o deixam em aberto, para que a resposta seja mais ampla e, na minha visão, mais de acordo com quem está respondendo, e realmente avalia a personalidade da marca.

Outras apresentam cards com fotos de atores e atrizes famosas, tanto nos Estados Unidos como no Brasil, para os entrevistados marcarem aquele que mais se parece com a empresa que estão trabalhando ou comprando. Ao fazer isso, as pessoas conectam o que percebem da marca com a personalidade. Por exemplo, uma marca elegante e sofisticada pode ser a Gisele Bündchen; já uma marca divertida e com apelo humorístico pode ser o Danilo Gentili. São apenas dois exemplos para você entender esse conceito.

Personalidade da marca é a forma como as empresas vão se comunicar com as pessoas em todo o seu ecossistema, desde consumidores, passando por colaboradores e chegando à imprensa. Ficarei nesses três perfis, mas há outros, dependendo da sua empresa.

Para identificar a personalidade, é preciso escavar a empresa e entrevistar as pessoas; analisar a comunicação da marca com diversos públicos para achar um denominador comum e segui-lo. Lembre-se: marcas são como pessoas, logo não há espaço para dupla personalidade.

Um exemplo que sempre dou em sala de aula é dos humoristas de stand up. Vou listar aqui alguns dos meus preferidos: Leandro Hassum, Fábio Rabin, Renato Albani, Rafael Portugal, Sil Esteves, Nando Viana, Danilo Gentili e meu querido amigo Diguinho Coruja. Se você for ao show de qualquer um deles, primeiro, vai rir muito, depois vai entender uma coisa com relação a eles.

Se o Leandro copia o Fábio, que imita o Renato, que faz as mesmas piadas do Rafael, que conta as mesmas histórias da Sil, que copia o Nando, que atira contra o politicamente correto como o Danilo e, ao mesmo tempo, zoa o Diguinho... qual seria o diferencial deles? Cada um tem a sua personalidade, seu estilo, sua forma de contar histórias e piadas. Com essa personalidade, cada um conquista seu público, fideliza e constrói a sua identidade como marca de humor. São todos marcas. Pense nisso para criar as personalidades da sua marca, pois é preciso ter uma identidade única, e sem um diferencial, não tem como as pessoas identificarem algo muito diferente. Os comediantes citados são assim, eles conquistam e fidelizaram a audiência pela personalidade que cada um cria para si mesmo.

Promessa

Lembra quando seus avós diziam "promessa é dívida"? No marketing, isso não é frase de efeito ou conselho de avós, isso é regra! Muito cuidado com a promessa de marca, pois, ao dizer ao mundo o que a sua marca promete, ela precisa cumprir!

As redes sociais podem ser muito benéficas para as empresas, mas também podem destruir uma reputação em poucos dias. Na "era do cancelamento", todo o cuidado é pouco. Um comentário de um profissional da empresa, que o Tribunal das Redes Sociais julgar ser preconceituoso, e os "lacradores de plantão" entenderem que servirá de palco para aparecerem, é o suficiente para que uma reputação de marca seja jogada no lixo.

Vale a lembrança disso, pois, quando uma marca não cumpre a sua promessa, é nas redes sociais que os ataques começam, ganham força e podem destruir uma reputação. E precisará de tempo e investimento financeiro para se recuperar e apagar a mancha.

Quando digo promessa, não me refiro apenas à campanha, como ocorreu há alguns anos em que uma marca de refrigerantes criou uma ação "compre um, leve outro", e o sucesso foi tanto que não havia "outro". Isso prejudica, claro, mas estamos falando de promessas de marca, algo que vai além de uma campanha pontual.

Se eu prometo à minha esposa ser transparente com ela, eu preciso cumprir. Se eu fechar um novo cliente para a FM CONSULTORIA, um novo projeto e uma nova fonte de renda para nós e não avisá-la, estarei sendo transparente? Essa falha não vai me fazer mais ou menos transparente, mas perderei alguns pontos de confiança com a minha esposa.

Assim como falei em outro capítulo, marcas são como pessoas, por isso usei um simples exemplo para você entender. Se a sua empresa promete algo, como marca, como valor ou cultura; se há um propósito claro e uma missão bem detalhada, apenas faça de tudo para cumprir. Ou não reclame das porradas no tóxico ambiente das redes sociais.

Posicionamento

É a frase que vai orientar a empresa a se conectar de uma forma emocional ao consumidor. Quando uma marca diz que tem "dedicação total a você", o que você sente? Casas Bahia têm um dos melhores, na minha opinião, posicionamentos de marca: simples, direto, curto e que passa muita informação em quatro palavras. Posicionamentos muito longos, as pessoas esquecem fácil, mas "Just do it" ou "Think different" a gente não esquece.

Confesso que esta é a parte que eu mais gosto de fazer no marketing. Posicionamento de marca é conseguir resumir, em uma frase, muito trabalho de pesquisa. Quando, na FM CONSULTORIA, fizemos o posicionamento de marca da Chiesi Farmacêutica, por exemplo, uma frase resumiu quatro meses de pesquisa com 180 médicos, 30 colaboradores, pacientes via redes sociais e mais alguns estudos da empresa.

Consolidamos tudo em uma apresentação em Keynote de 860 slides e disso saiu uma frase, mas devido à Covid-19 esse projeto ainda não foi aprovado pela matriz italiana; pelo time brasileiro, sim. Não quero me gabar com esse projeto, apenas desejo que você entenda que, para chegar ao posicionamento de uma marca, não basta sentar em uma sala e soltar algumas frases até que se chegue àquela que as pessoas da sala acharem a melhor; às vezes, ninguém na sala é o público da marca.

Posicionamento deve, em uma frase, resumir o que a marca é, o que ela promete e seus diferenciais. Perceba que unir tudo isso na mesma frase não é fácil, mas reafirmo ser a mais interessante de todas as fases, pelo menos na minha modesta opinião, dentro do processo de marketing.

Público

Para quem vamos vender? Por que as pessoas compram da nossa marca? Quais as tendências de consumo? Qual a persona da sua marca? Quando criar isso, você terá um caminho excelente! A minha dica é: comece por aqui, afinal, o mais importante do universo do marketing são as pessoas!

Se eu pudesse lhe dar um conselho, seria estudar, primeiro, pessoas e, depois, tudo que envolve a empresa. Saber sobre mercado, produtos, serviços, tendências e concorrência é muito importante, sem a menor dúvida, entretanto saber sobre pessoas é mais, afinal, no ecossistema do varejo, no fim do dia, são pessoas produzindo para vender para pessoas, então entenda tudo sobre elas!

Há muitos anos, a definição de público deixou de ser classe social, sexo, idade e renda familiar. Hoje entendemos comportamentos. Uma mulher da classe D com renda de 2 mil reais pode ter um iPhone; assim como uma mulher da classe A com renda de 20 mil pode comprar produtos na 25 de Março, em São Paulo.

Para entender de pessoas, é preciso muita pesquisa. Uma frase de Martin Lindstrom que eu acho interessante é: "se você quer observar o comportamento dos leões vá a selva e não ao zoológico". E o que ele quer dizer com isso?

Pesquisas são importantes, mas analisar o comportamento das pessoas no momento da compra faz muita diferença. Às vezes, a mulher toma a decisão de uma compra totalmente masculina; ao passo que a opinião do homem pode influenciar a compra da mulher. Entender isso pode, em um primeiro momento, não ter relevância, mas na hora que você comunicar a mensagem certa para o público certo nas redes sociais, baseado em insights, como o acima mencionado, você vai entender a diferença.

Para criar a sua persona, não a faça com achismos; pesquise! Estude os analytics que você tem em mãos, faça pesquisas online em seus canais digitais — e-mail tem maiores chances de dar certo —; crie enquetes nas redes sociais. E faça isso periodicamente, pois o comportamento muda a partir do momento que mais pessoas se relacionam com a sua marca.

Arquétipos

Carl Jung criou algumas definições de arquétipos, que são emoções subconscientes que nos conectam com outras pessoas; o marketing entendeu isso e separou 12 arquétipos que são usados para criar conexões emocionais entre pessoas e marcas.

Arquétipos são o padrão original, derivam de modelos que definem pessoas. Jung acreditava que a personalidade das pessoas está intimamente ligada a um arquétipo, ligada a uma psiquê que retém informações arquetípicas e impessoais que manifestam a personalidade das pessoas.

Arquétipo, então, é o "padrão original" do qual todas as outras pessoas similares, objetos ou conceitos são derivados, copiados, modelados ou emulados. Carl Jung defendia que há um inconsciente coletivo, que é a camada mais profunda da psiquê, constituído dos materiais que foram herdados, e é nele que residem os traços funcionais, tais como imagens virtuais, que seriam comuns a todos os seres humanos.

No mundo da moda, por exemplo, o arquétipo do Amante é muito forte, pois o amante representa a sedução, algo muito buscado pelas pessoas que consomem a moda de um jeito seu. Quando uma mulher, por exemplo,

BRAND CANVAS

escolhe uma roupa mais sensual de uma marca como Gucci, um perfume da Channel e um sapato da Ferragamo, ela quer seduzir as pessoas, não apenas no sentido sexual.

Encontrar o arquétipo ideal da sua marca faz muita diferença na hora de comunicar a marca nas redes sociais. Mais uma vez, pode parecer uma grande bobeira teórica, mas quando você aplica isso às campanhas, a diferença é visível nos resultados.

Existem 12 tipos de arquétipos:

- Amante
- Governante
- Criador
- Herói
- Fora da Lei
- Sábio
- Inocente
- Mago
- Explorador
- Pessoa comum
- Bobo da corte
- Prestativo

Unique Selling Proposition

Qual a razão única para as pessoas comprarem seu produto ou serem fãs da sua marca? Existe um grande diferencial na sua empresa? Se não, corra, pois, sem diferenciais, você será apenas mais um na multidão.

A proposta de valor e a promessa da marca estão intimamente ligadas ao USP. Esse termo em inglês basicamente nos ajuda a identificar aquela unidade que só a empresa tem, sendo algo essencial para definir o DNA da sua empresa e marca.

Não tem como fugir do mesmo procedimento para achar o USP: pesquisa! Você precisa, através de poucas perguntas, entender por que as pessoas compram da sua empresa e o seu produto. Aqui teremos caminhos para chegar ao USP e consequentemente ao DNA da sua marca.

Lembre-se sempre de que produtos são, cada vez mais, commodities, mas marcas não. Produtos são commodities. Marcas são únicas. Esse é um mantra que tenho levado para meus clientes. O USP é fundamental para saber por que a sua marca é única, como já demos como exemplo, mas vale aqui novamente:

- A Apple é o sonho de Steve Jobs.
- Casas Bahia, o sonho de Samuel Klein.
- Harley é seu sonho junto com Davidson.

Territórios

O USP está ligado a isso. O diferencial da sua empresa pode ser um território na mente do consumidor, do qual você pode se apropriar. Quando a Volvo entrou no mercado de sedãs, a Mercedes era tradição; Audi, velocidade; e BMW, design. A Volvo então se apropriou do território de segurança. Eu sempre uso esse exemplo em sala de aula, pois é o melhor que conheço e mais fácil de todos entenderem. O território onde a marca vai atuar é fundamental para criar a conexão com as pessoas.

Lembre-se novamente: produtos são, cada vez, mais commodities, mas marcas não. Na Aposta1, por exemplo, quando estudamos o mercado, entendemos que todas as marcas dominaram o território do esporte, com personalidades do esporte para divulgar o segmento de apostas esportivas, e fazia todo o sentido, mas esse não era o único território.

O caminho das pesquisas mostrou que as pessoas apostam em esportes, mas com o dinheiro elas compram produtos para ela dentro do universo do lifestyle, território que a Aposta1 vai dominar.

Achar o seu território é olhar para onde o mercado está indo, o que as pessoas querem e dominar um espaço que está inexplorado. Isso a pesquisa mostra.

Brand persona

Como a sua marca vai agir? Aqui, nós somamos cinco pontos para chegar a esse conceito:

- Tom de voz
- Arquétipos
- Matriz de Conteúdo
- Mapa de Empatia
- Matriz de Poder

Através desses pontos, se dá o tom que as marcas terão nas redes sociais. A imagem ao lado, de uma atriz, não é apenas uma imagem bonita, mas uma imagem que representa o que queremos falar sobre persona é um personagem que a marca cria para estreitar o relacionamento entre empresa e consumidor, baseada em valores que ambos têm.

Parece complexo? Que bom, porque é!

Manifesto

Finalizamos com o texto manifesto, um resumo de tudo o que falamos de marca até o momento.

A metodologia que usamos foi aprendida no livro *Qual É o Seu Propósito*, de Jaime e Cecília Troiano, baseada em um texto de quatro parágrafos:

- Explica as raízes da marca.
- Qual o futuro da marca.
- Qual influência a marca exerce no mercado.
- Os sonhos da marca.

Finalizamos com o posicionamento da marca, um "algo a mais" que acrescentamos à metodologia do livro citado.

O texto manifesto deve ser uma expressão do que a marca é, do que ela faz e de quais diretrizes de comunicação seguirá.

E agora?

Você tem o mapa nas mãos, basta identificar, dentro de todos esses elementos, pontos em comum e palavras que mais chamaram a atenção, para construir a sua frase. Lembre-se: frases são construídas com junção de palavras que fazem sentido.

Se for preciso, volte algumas páginas para entender melhor os conceitos que aqui estão de forma mais abrangente, para relembrar e reforçar o aprendizado, criando a engrenagem necessária para o sucesso da sua marca. Não existem marcas fortes e bem posicionadas cujos pilares não estejam em harmonia.

COMO CRIAR SUA BRAND PERSONA

Brand persona tem muito a ver com a forma com a qual a marca vai se posicionar e falar em todos os canais, não apenas nas redes sociais. É muito comum as agências, principalmente, pensarem na brand persona apenas para redes sociais, mas vale lembrar que o marketing vai muito, mas muito mesmo, além de redes sociais.

O Brand Canvas é uma metodologia que ajuda os estrategistas de marca e marketing a criar a linha de comunicação da marca em todos os pontos de contato, entre eles a propaganda e a comunicação, e as redes sociais são apenas um pedaço desse bolo. Costumo dizer em aulas e palestras que, se você disser que faz marketing digital e só faz redes sociais, é como se você pedisse uma pizza e comesse apenas a azeitona. Redes sociais são muito importantes, sem a menor dúvida, mas não podemos resumir todo o marketing a elas.

A brand persona é a linha que vai conduzir a forma com a qual as marcas vão se comunicar. Não é o plano de comunicação ou mídia, mas é a forma de direcionar como a mensagem deverá chegar ao consumidor. O Brand Canvas chega, aqui, ao seu grande objetivo, pois é o mapa que dá todos os caminhos para que a comunicação chegue ao consumidor com algo concreto e que gere valor, não apenas um post com uma foto bonita e uma frase de impacto, ou usando, uma única vez, a influenciadora da moda; até para direcionar campanha no Google, o Brand Canvas é extremamente útil.

Para criar essa brand persona, entraremos em um dos assuntos que eu mais amo no universo do marketing: arquétipos. Aliás, fica aqui a propaganda do meu curso "Arquétipos para Redes Sociais", na plataforma da Trampos Academy: a um custo muito acessível, você poderá mergulhar ainda mais nesse maravilhoso universo.

Aqui, vou passar um breve resumo do que são os arquétipos e, depois, como chegamos ao tom de voz das marcas. Esses dois pontos, somados, formam a personalidade da marca, ou a brand persona, logicamente em conjunto com tudo o que o Brand Canvas trouxe, por isso insisto tanto em fazer o mapa de Brand Canvas para a linha de comunicação. Apenas como exemplo, um projeto dentro da Aposta1 que levaria pelo menos cinco dias para ser criado, de estratégia de comunicação digital, com o Brand Canvas feito, levou menos de um dia. Só por isso já fez todo o sentido ter construído esse mapa.

Para explicar mais sobre o que são arquétipos, vou reproduzir aqui um artigo que escrevi para o portal da Guiase Franquia de Marketing, do meu amigo José Rubens Oliva Rodrigues, empresa em que somos parceiros desde 2007. Nesse artigo, eu resumo o que são os arquétipos e como você poderá usá-los na sua estratégia de branding, porém o aconselho também a ler o principal livro sobre esse tema, *O Herói e o Fora-da-lei*, de Margaret Mark, para entender a fundo o tema, mas, é claro, não deixe de ler também o livro *Os Arquétipos e o Inconsciente Coletivo*, de quem criou essa teoria, o psiquiatra e psicanalista suíço Carl Gustav Jung, considerado pelo neurologista austríaco Sigmund Freud, criador da psicanálise, como sendo a pessoa a seguir seus passos e sua obra. São dois livros que recomendo muito para entender mais sobre esse universo.

ARQUÉTIPOS DE MARCA

Você já ouviu falar a respeito de arquétipos de marca? Arquétipo de marca é um conceito desenvolvido para que a sua marca se posicione melhor e com verdadeira relevância perante o público. Quando uma marca se posiciona na Internet, através do marketing digital, é preciso que ela tenha um tom de voz. Isso é algo até básico para quem atua com redes sociais, mas será que está sendo aplicado no dia a dia das comunicações online nesses canais?

Há mesmo um padrão de comunicação em todas as redes que fale da mesma forma, com mesmo tom e mesma relevância? Será mesmo que redes sociais são apenas post, patrocínio e respostas? Lembre-se: a comunicação é da marca, ela precisa ter uma uniformidade, ter uma estratégia de branding bem definida. Daí a importância de se reconhecer os arquétipos de marca. Não conhece ainda o significado desse conceito? Confira mais sobre o assunto, a seguir!

Como surgiu o termo "arquétipos de marca"?

Originado na Grécia antiga, *archein* significa "original ou velho", e *typos* significa "padrão, modelo ou tipo". Arquétipo, então, é o "padrão original" do qual todas as outras pessoas similares, objetos ou conceitos são derivados, copiados, modelados ou emulados. Cada pessoa tem a sua personalidade. Ao criar algo, criar a persona de marca, usar o arquétipo é mais do que indicado, é fundamental. Jung defendia que há um inconsciente coletivo, que é a camada mais profunda da psiquê, constituído dos materiais que foram herdados, e é nele que residem os traços funcionais, tais como imagens virtuais, que seriam comuns a todos os seres humanos. Quando se estuda neuromarketing, isso fica ainda mais nítido, pois o neuromarketing, fator muito importante para qualquer estratégia de marketing digital, tem mostrado o quanto as compras são baseadas no repertório que as pessoas têm, com todo o histórico da vida delas, repertório esse que vai sendo criado a partir do momento em que saímos da barriga das nossas mães. É por isso que os arquétipos de marketing são tão poderosos para conquistar o público.

Sobre Carl Gustav Jung

O psicólogo Carl Gustav Jung usou o conceito de arquétipo em sua teoria da psiquê humana. Ele acreditava que arquétipos de míticos personagens universais residiam no interior do inconsciente coletivo das pessoas em todo o mundo; arquétipos representam motivos humanos fundamentais de nossa experiência, de como nós evoluímos, e consequentemente eles evocam emoções profundas. Embora existam muitos arquétipos diferentes, Jung definiu doze tipos principais, que simbolizam as motivações humanas básicas, e cada tipo tem o próprio conjunto de valores, significados e traços de personalidade. Quando se trata de criar a personalidade da marca, usar os arquétipos é um grande ganho.

Os 12 arquétipos que você deve usar para a sua marca

Para uma conquista, é preciso ter alma, paixão. As marcas mais desejadas do mundo têm isso. Um exemplo muito claro é o Starbucks. Ele vende café, um produto commodity, por um valor acima do que o mercado oferece pelo mesmo produto. Alguns tipos de café podem até ser melhores no Starbucks do que na padaria próxima à sua empresa, entretanto a marca não vende produto, ela vende experiência; é uma "Lovebrand", ou seja, uma marca muito admirada. Ou você acha normal uma pessoa pagar cinco vezes mais em um produto commodity sem que tenha um diferencial ou experiência aparente? Os arquétipos de marca constroem a identidade e podem ser explorados por meio de uma forma mais complexa e ampla. É o inconsciente coletivo, compartilhado por todos nós, repleto de desejos comuns.

BRAND CANVAS

1. O Inocente

Lema do Inocente: *"Somos livres para ser, você e eu".*

Apela aos conceitos de bondade, simplicidade e pureza. Estilo de vida mais natural e simples, retirando rótulos sociais e optando por uma qualidade de vida acima do comum, de modo que possa exercer a sua plenitude e vivenciar o paraíso. A fé e o otimismo constroem um forte laço entre este arquétipo, o qual tende a fazer tudo de maneira mais correta e ética possível. Quer ser livre para ser ele mesmo, sem as convenções da sociedade nem rótulos. Ele tem muita disposição e esperança de retornar à sua vida quase infantil, pura, sem as preocupações da vida moderna. Caracteriza-se por independência e autorrealização. O Inocente é um arquétipo bem previsível, que leva às pessoas ideias positivas e esperançosas. Exemplos de marcas: linha de shampoo Johnson's, Coca-Cola, Disney e McDonald's.

2. O Explorador

Lema: *"Não levante cercas à minha volta".*

O Explorador busca produtos que auxiliem na sua jornada, aquilo que vai torná-lo livre e independente. Está ligado a marcas que incentivam os consumidores a descobrir novos mundos e a experimentar o novo. Exploradores gostam de viajar, buscar coisas novas, fugir do tédio e da rotina — são ambiciosos e autônomos. Caracterizam-se por independência e autorrealização. Desejam liberdade para viver sua descoberta mundo afora e ficam com receio de estar presos a uma situação ou se acomodar. Este arquétipo é muito associado à geração Y, que vive em movimento e não tolera as regras e amarras da vida moderna, busca a sua individualidade pelo mundo e foge da rotina, além de ser inquieta. Exemplos de marcas: Levi's, McDonald's, Starbucks, Virgin, Nike, Amazon, Jeep, Red Bull.

3. O Sábio

Lema: *"A verdade libertará você".*

Maior medo: ser enganado, iludido ou ser ignorante. Busca o autoconhecimento e desenvolver habilidades. Tem inteligência e confiança. Busca a verdade suprema, que vai libertá-lo, e viver plenamente. É investigador, pensador e conselheiro. Por meio do conhecimento, busca alcançar a felicidade e a verdade que trará alívio e liberdade ao seu existir, validando e mensurando tudo que possa ser questionado. Por meio do conhecimento de processos e dos fluxos de informação, ele deseja controlar, mensurar, avaliar e validar. Identifica-se com marcas que instiguem criatividade, aptidões intelectuais e tudo o que o faça pensar e raciocinar. Exemplos de marcas: Discovery Channel, IBOPE, Itaú, HP, CNN, Google.

4. O Herói

Lema: *"Onde há vontade, há um caminho"*.

O Herói é dinâmico, veloz, tem orgulho de ser disciplinado, ágil e busca desafios. As marcas que pretendem explorá-lo precisam oferecer produtos que estejam ligados a aptidões e competências, ou que ofereçam desafios ligados ao perigo e à velocidade. Caracteriza-se por mestria e risco: quer fazer algo notável e ser lembrado para sempre. Mesmo que para isso seja preciso quebrar regras e superar desafios. Sua necessidade primária é proteger os demais e fazer tudo o que precisa ser feito. O Herói pode passar facilmente a vilão, quando subjuga o oponente ou quando tem a índole de dominar pura e simplesmente, sem medir consequências. Está sempre tentando superar seus limites, agindo corajosamente, além de tentar sempre melhorar o mundo em diversos aspectos. Exemplos de marcas: Nike, FedEx, Hummer, Tag Heuer.

5. O Fora da Lei

Lema: *"As regras são feitas para serem quebradas"*.

Liberdade, habilidade em articular pessoas. Fiel a seus próprios valores, e não aos valores vigentes, precisa chamar atenção para si, tem o perfil de alguém rebelde, selvagem, que quebra todas as regras. A liberdade é muito importante, sem contar o medo de perder o controle ou ser comum. Seu maior desejo é a revolução, e o maior receio é ser comum. Seu comportamento é sarcástico e cínico. Para tentar desequilibrar a situação e ter o poder a seu favor, quebrar as regras faz parte. Caracteriza-se por mestria e risco: quer fazer algo notável e ser lembrado para sempre, e luta pelos seus sonhos. O revolucionário gosta de quebrar as regras, apresentar novas ideias. Quer ser temido e cria seu próprio caminho. Exemplos de marcas: Harley-Davidson, Apple e MTV.

6. O Mago

Lema: *"Tudo pode acontecer"*.

Personifica a sabedoria mágica, que se vale da ciência, da religião e da tecnologia para entender como se dão os mecanismos que gerem pessoas e coisas no Universo. Produtos e/ou serviços que curam, fazem relaxar, catalisam mudanças ou até mesmo os que são altamente tecnológicos pela sua capacidade de catalisar mudanças — ligados à racionalidade e ao bem-estar — o atraem. A sabedoria, para ele, consiste em entender os fenômenos por meio da ciência, religião e tecnologia. Ele faz com que um sonho se torne realidade e tudo pode acontecer. Caracteriza-se por mestria e risco: quer fazer algo notável e ser lembrado para sempre, e luta pelos seus sonhos. O Mago é o catalisador da mudança, motivado pelo desejo de transformação das organizações. Exemplos de marcas: Absolut Vodka, Mastercard, Axe, Apple e Disney.

7. Cara comum

Lema: *"Todos os homens e mulheres são criados igualmente".*

Frequentemente associado aos sentimentos amenos e tranquilos, não expõe suas convicções e, assim, preserva sua identidade na multidão. Há grande vontade de pertencimento a grupos, odiando ser deixado de lado e evitando se destacar. Conecta-se e se junta facilmente a uma multidão; é empático e com pouca vaidade, quer estabelecer conexão com os outros. Caracteriza-se pelo pertencimento a um grupo.

Não quer se destacar, e sim se enquadrar num esquema comunitário de que se sinta parte. Este arquétipo é democrático, realmente um cara comum, e quase sempre associado a sentimentos tranquilos.

Exemplos de marcas: Hering, Ikea e cerveja Brahma.

8. Bobo da Corte

Lema: *"Se eu não puder dançar, não quero fazer parte da sua revolução".*

Estratégia: brincar e ser agradável. Dons: alegria, disposição. Trata-se de um arquétipo muito verdadeiro, que não está preocupado em se esconder no grupo. Vive intensamente e com alegria cada instante e foge do tédio por meio de travessuras, artes e jogos. Tem suas fraquezas, por exemplo, perder tempo ou a frivolidade, sempre com receio de se tornar maçante. Tem personalidade própria, pois, além de ser brincalhão e alegre, por isso, bobo da corte, este personagem quer ser visto como ele é, sem máscaras ou fingimentos. Pretende ser aceito, no entanto precisa que o grupo o aceite como ele é, com seu jeito espontâneo e brincalhão. Ao levar a vida mais leve, quem segue este arquétipo faz com que, com inovação e informalidade, processos complicados e tediosos fiquem mais "legais" de serem executados. Ajuda quando a pessoa sente profunda necessidade de pertencer a um grupo. Esta é sua maneira de encarar a vida. O bobo da corte nos ajuda a tornar situações chatas menos pesadas e densas, não levando a vida tão a sério e trazendo um pouco de descontração. Seu espírito alegre e descompromissado permite que a inovação e a informalidade descompliquem as tarefas diárias, muitas vezes tediosas. Um arquétipo que vive o momento e se diverte. Não está preocupado em se esconder e quer ser aceito como ele é, com seu jeito descontraído e brincalhão. Exemplos de marcas: McDonald's, Fanta, Havaianas e Pepsi.

9. O amante

Lema: *"Só tenho olhos para você".*

Associado a diversas marcas, principalmente no universo da moda e da beleza estética. Existe um culto de valorização da beleza, então, ele cultua o belo e valoriza o romance e o sexo, mediante invocação de tudo que manifeste a atração física e a admiração; tende a desejar relacionamentos com pessoas e com o trabalho, mas se perde em prazeres e, por vezes, pode ser manipulado. Presta atenção aos divertimentos de modo intenso. Evoca também a elegância, o lúdico e o erótico, além de diversos prazeres efêmeros. Exemplos de marcas: Playboy, Coco Chanel, Häagen-Dazs, L'OREAL e Marisa.

10. Criador

Lema: *"Se pode ser imaginado, poderá ser criado".*

Caracteriza-se por estabilidade e controle. Quando queremos ter um certo controle das coisas, um poder nas mãos. Sempre inovador e criativo em algo duradouro e evitando a mediocridade na hora de elaborar uma grande sacada, procura sempre desenvolver algo que perdure. Qualquer atividade de cunho artístico é útil na satisfação do desejo de harmonia e de estabilidade, além de elevar a autoestima do indivíduo. No marketing, praticamente todas as pessoas têm uma forma de expressão por meio da criatividade, sendo esta exposta por meio de atividades como pintura, artes plásticas, escultura, decoração e outras. Exemplos de marcas: Disney e Ikea, Google, Apple, Netflix, Lego.

11. Governante

Lema: *"O poder não é tudo, é só o que importa".*

Reforça atributos de liderança, prestígio e poder. Marcas que exibem o target focado em classes sociais mais altas e empresas relacionadas a crédito e dinheiro em geral tendem a ser governantes. Os produtos e serviços resguardam e encorajam a administração desses encargos de modo adequado, reafirmando o poder, o prestígio e o status do cliente ou do consumidor. Caracteriza-se por estabilidade e controle. Cartões de crédito, instituições financeiras, computadores e produtos destinados ao público-alvo classe A são alguns exemplos. Exemplos de marcas: Microsoft, Cadillac, Porto Seguro, Mercedes-Benz, IBM, American Express.

12. Prestativo

Lema: *"Ama o teu próximo como a ti mesmo".*

O Prestativo é percebido em praticamente quaisquer atividades relacionadas à prestação de serviços, tanto para indivíduos quanto para organizações, corporações e firmas, por exemplo, conserto de vestidos e outros trajes, limpeza de moradias, avenidas, oficinas etc.; restauração de objetos avariados ou quebrados; cuidados com a saúde e o bem-estar de pessoas enfermas ou idosas; serviços de condutor de automóveis, entre outros. Para o Prestativo, considera-se eficaz o marketing que leva em consideração as inquietações do consumidor direcionadas aos outros. Caracteriza-se por estabilidade e controle: quando queremos ter um certo controle das coisas, um poder nas mãos. O cliente, neste caso, deve ser exposto como tendo preocupações com os demais, e o produto deve auxiliá-lo no sentido de demonstrar maior empenho e fornecer grande facilidade de ação. Altruísta por natureza, sempre está pronto para ajudar a todos; é generoso. Está sempre preocupado que os menos afortunados possam sofrer; prestação de serviços é sempre seu maior objetivo. Exemplos de marcas: Buscapé, Amazon, Evernote, Nestlé, Porto Seguro, Volvo.

E agora, como utilizar arquétipos de marca?

Dentro de todos esses estudos, está na hora de você, gestor de marketing digital, analisar qual é o caminho a seguir. Uma marca pode ser 100% um arquétipo, ou ser 30% um, 40% outro e 30% outro. Especialistas aconselham não passar de três arquétipos de marca, deixando sempre um deles mais forte, mais presente e marcante, ou seja, que um domine e outros que deem suporte.

Com isso estudado, comece a traçar as estratégias de comunicação e, principalmente, do conteúdo a ser passado de acordo com o perfil/arquétipo, mas lembre-se de que a comunicação deve ser contínua em todos os pontos de contato, como site, blog, redes sociais e e-mail. Uma marca que fala diversas línguas em diversos meios deixa o consumidor confuso, e pessoas confusas não compram produtos. Cada vez, é mais necessário ter essa comunicação.

PESQUISA DE ARQUÉTIPOS

Basicamente, nós usamos cinco pontos para realizar a pesquisa e achar o(s) arquétipo(s) da marca. Trabalhe sempre dois, no máximo, sendo um o dominante.

É preciso entender que você fará muita pesquisa. Se quiser apenas ler os 12 tipos de arquétipos, se unir com as marcas que já usam cada um e achar o arquétipo da sua marca, fique à vontade, existem diversos sites que abordam esse tema, alguns mais profundos, outros de forma mais rasa, mas, se quiser um conselho, a melhor fonte são pessoas que estão envolvidas com a marca, tanto de dentro como de fora. Essas vão lhe dar 90% da certeza. A literatura, extremamente necessária, fornece os outros 10%.

Pesquisa imersão

Na FM CONSULTORIA, chamamos de "Razão da Marca". Quanto mais você entender a marca, melhor. Converse do CEO ao faxineiro, do departamento financeiro ao comercial, do marketing ao time de vendas. Quanto mais pessoas, de mais departamentos, você conversar, mais insights terá. Concentre-se em conhecer tudo, pois é o todo que o fará achar o arquétipo, e não apenas o questionário a seguir.

Pesquisa com pessoas

Na FM CONSULTORIA, chamamos de "Voz das Ruas". Converse no ponto de venda, na internet, via e-mail, via redes sociais. Converse com o maior número de pessoas. Se puder ligar para uns 10 ou 20, melhor. Converse com quem ama a marca, com quem odeia, com quem gosta, com quem compra. Converse com quem influencia, com quem usa, com quem paga. Converse! E de novo, é o todo que vai lhe mostrar o resultado.

Pergunta-chave

Em ambas as pesquisas, você deverá fazer uma série de perguntas, pertinentes a cada marca, mas uma pesquisa é chave para o arquétipo. Deve ser feita a mesma pergunta nas duas pesquisas, imersão (dentro da empresa) e ruas (fora da empresa). Peça para que as pessoas marquem uma ou duas das características a seguir, que representem a marca. Apresente apenas estas 12 para os entrevistados.

BRAND CANVAS

- Otimista
- Conhecimento
- Desafiadora
- Foge das regras
- Não pensa no impossível
- Vitória
- Romântica
- Divertida
- Pertencer
- Confiança
- Controladora
- Deixa legado

Depois, analise o percentual de cada um, junto a um gabarito, que só você tem. Claramente, um dos 12 pontos acima vai se destacar frente aos outros. Virá um segundo com mais força, e depois os outros terão percentuais menores. Pode haver empate? Sim. Para isso, você precisa tomar uma decisão baseada em outros estudos.

Não tem a menor necessidade de apresentar a seguinte lista nas pesquisas, pois as pessoas não saberão dizer com precisão se a sua marca é prestativa ou governante. É mais fácil dizer que representa diversão ou confiança.

- Inocente
- Sábio
- Explorador
- Fora da Lei
- Mago
- Herói
- Amante
- Bobo da Corte
- Pessoa Comum
- Prestativo
- Governante
- Criador

O gabarito é simples: as perguntas de cima correspondem às respostas de baixo. 1 corresponde ao 1, o 2 ao 2, o 8 ao 8. Você entendeu, né? Otimista é o arquétipo do Inocente; Conhecimento é o arquétipo do Sábio; e o Divertido é o Bobo da Corte. Simples assim.

TOM DE VOZ

Para conectar o significado emocional da marca por meio de todos os materiais de presença da marca e implementar os novos elementos gráfico, na FM CONSULTORIA, usamos uma metodologia da Tânia Savaget, head de Cultura, Marca e Comunicação da Wisnet Consulting, que separa a marca em três pontos, similares ao corpo humano. Dessa forma, conseguimos entender elementos presentes em cada um dos pontos e, assim, definir como dar um tom de voz mais claro à marca. O Brand Canvas entra aqui para dar apoio às decisões e definir qual tom de voz a marca vai adotar nos canais digitais.

CABEÇA: conexão racional usada na comunicação literal, identidade da marca, branding corporativo e nos modelos de apresentação. São os eleitos que precisam ser visíveis e reconhecíveis. Os elementos são:

- Preço
- Saúde
- Segurança
- Intelecto
- Praticidade
- Consciência
- Herança
- Psicológico

CORAÇÃO: criado para ter menos a ver com o impacto e mais com o contato; é uma conexão mais sensorial e socialmente relacionada. Celebra o produto. Os elementos são:

- Associação
- Confiança
- Conexão
- Parceria
- Valores
- Social
- Família

INSTINTO: marca emocional, conecta os jovens aos seus estilos de vida. Tem esporte e música como plataformas. Preenche a lacuna entre nossa realidade e uma percepção mais elevada da vida. Os elementos são:

BRAND CANVAS

- Sensorial
- Prazer
- Fantasia
- Beleza
- Criatividade
- Libertação
- Estímulo
- Ousadia
- Indulgência
- Declaração
- Sexualidade
- Emoção
- Adrenalina

Primeiro, selecione o tom de voz que tem mais a ver com a marca, dentro do três elementos básicos: cabeça, coração ou instinto. Pense se a sua marca é mais racional, ou seja, tem pouco apelo emotivo e, assim, é uma marca com tom de voz mais cabeça; se ela é mais emotiva, para ser coração; ou se segue uma linha mais "lifestyle", sendo instinto. A sua pesquisa vai mostrar isso.

Depois, dentro dos elementos de cada um, selecione aquele que melhor representa a marca. Lembre-se de que, no Brand Canvas, você selecionou palavras-chave da marca, que podem embasar as definidas na metodologia acima explicada.

Poder da Brand Persona

Com os dados coletados, além, é claro, de todas as pesquisas feitas para o seu Brand Canvas, você pode entender quais as forças do seu tom de voz. Quanto maior o poder, mais a sua marca influencia grupos; quanto maior o interesse, mais as pessoas desejam a sua marca. O quadrante a seguir mostra como agir.

MUITO PODER

Não será um grande defensor da marca. Precisa estar sempre satisfeito.

Grande foco da comunicação.

BAIXO INTERESSE ——— **ALTO INTERESSE**

Menores esforços, ou quase zero, de comunicação.

Manter sempre informado.

BAIXO PODER

Quando você estuda o comportamento do seu consumidor para criar a voz da marca, você começa a colocar atributos desses estudos na matriz acima, de brand persona, mapeando os caminhos. Se a sua marca tem muito poder, mas baixo interesse, ela pode ser uma marca que influencia, mas não tem pessoas muito fiéis a ela; se a sua marca tem muito poder e alto interesse, ela influencia a compra de pessoas e também é altamente desejável. Marcas com alto interesse e baixo poder são bem compradas, mas não são marcas que influenciam, e podem ser marcas de compra rotineira. Por fim, marcas de baixo interesse e baixo poder têm um trabalho extra a ser feito para sair dessa parte do quadrante.

Difícil aqui dar exemplos que não sejam de percepção pessoal. Por exemplo, a Montblanc tem um alto poder de influência; é uma marca, no setor de canetas, que influencia, mas, devido ao seu valor, não tem uma venda tão grande — não se vê uma pessoa entrar na loja e comprar uma caixa com 24 canetas da marca. Eu a colocaria no quadrante muito poder X baixo interesse. A Apple tem muito poder, é ela quem direciona as tendências em celulares, notebooks e tablets, e tem um alto interesse, pois as pessoas que são fãs têm todos os seus produtos.

Invertendo o jogo, podemos ver uma marca de alto interesse e baixo poder, como a BIC. Essa, sim, tem uma venda constante de caixas com 24 canetas, compradas em lojas multimarcas e magazines, até mesmo em supermercados. Você não vai achar a Montblanc no Pão de Açúcar ou St Marche, assim como não vai achar a BIC na Vivara, por exemplo. Baixo poder de baixo interesse pode ser um doce na padaria, que você só lembra que ele existe no caixa, quando vai pagar pelo pão que comprou lá.

COMO A CRIAÇÃO USA ISSO?

O Brand Canvas é um mapa para que a comunicação da sua marca seja ainda mais efetiva. Nos departamentos de marketing e/ou nas agências, há dois perfis que são importantes na fase de execução: criação e mídia. O departamento de redes sociais, por exemplo, fica entre os dois, pois a parte criativa fica, ao menos na minha visão, sob os olhares dos criativos, e a parte de campanhas, com a mídia.

Dependendo do tipo da empresa, o volume de peças é muito grande, dando pouco tempo para se pensar, entrando no automático; o time criativo olha o seu gestor de projetos online e vê que, naquele dia, precisa criar dez artes, entre posts, banners para o site e para uma campanha. Parece pouco, mas é muita coisa. A redação precisa acompanhar tudo, e a mídia está na espera para colocar as peças com a melhor segmentação possível. Isso é o dia a dia.

O Brand Canvas foi criado para ser um guia. Nem todas as empresas ou agências criam um mapa de conteúdo efetivo; algumas nem criam, vão colocando, no calendário do mês seguinte, temas e mais temas, sem uma estratégia ou um porquê, apenas os colocam.

Vou contar um pequeno caso que ocorreu comigo em uma agência, e obviamente não citarei nenhum nome. O time de redes sociais estava sendo pressionado, pois o cliente havia deixado claro que estava pensando em trocar de agência. No primeiro momento, a desculpa do departamento é que não havia planejamento para a marca, o que era estranho, pois havia um time dedicado ao cliente, e não apenas uma pessoa. Eu fui acionado para criar o planejamento de uma conta que eu não atendia, mas queria ajudar. Na primeira pergunta que fiz ao time, ficou claro o que estava ocorrendo. Perguntei o objetivo da marca nas redes sociais. O time demorou para responder, e cada uma das pessoas respondeu uma coisa, diferente da outra. Quando não há organização e objetivo, obviamente que não tem como fazer um bom trabalho e muito menos obter resultados. Entrei no planejamento, outras pessoas da agência ajudaram, mas, no final, o cliente perdeu a confiança no time, pois o achava muito despreparado. A agência perdeu seu maior cliente.

Se usassem o Brand Canvas, as coisas poderiam ser diferentes? Com certeza, sim! Não digo que essa metodologia salvaria a conta, talvez até o fizesse, mas, com certeza, quando a pergunta fosse "qual o objetivo da marca nas redes sociais?", a resposta viria, única e uniforme, e não com cada um dizendo uma coisa, sem nexo. Como pessoas, que trabalhavam juntas havia anos, não sabiam responder o básico sobre aquele cliente?

Por isso, o Brand Canvas é importante, para dar o direcionamento que os times criativos precisam, mostrar a luz no fim do túnel. O Brand Canvas não faz o trabalho dos criativos, mas ele ajuda na sua concepção, como é o trabalho de um planejamento: ajudar para que a execução seja mais efetiva e que realmente traga mais resultados do que "like".

OK, MAS COMO É O PASSO A PASSO?

Ao longo deste livro, você viu, em detalhes, cada passo da metodologia Brand Canvas. Não tenho a menor intenção de revolucionar o mundo e muito menos de ser uma metodologia que substitua outras, com o Canvas Model Business, que foi a inspiração para esta. A ideia aqui é trazer mais uma metodologia para ajudá-lo.

Os 5Ps de Branding são o que eu chamo de metodologia macro. Ela é formada por pequenas outras metodologias, como o Brand Canvas ou as 11 Verdades da Marca, com o intuito de fortalecer e posicionar marcas. Ela reúne diversas pesquisas, estudos e análises que, quando colocados no papel, através de um passo a passo, ou melhor, de uma metodologia, ajudam você, estrategista, a ter uma visão mais clara dos caminhos a seguir.

Em um breve resumo, esta metodologia, que você aprendeu neste livro, serve para isso. Marcas são os grandes ativos de uma empresa, e quanto mais fortes elas são, maior é a empresa, mais fãs ela tem e, consequentemente, ela vende mais.

Falar da Apple é chover no molhado, verdade, mas não tem a menor dúvida de que ela é uma das marcas que melhor trabalha seu posicionamento em cada ponto de contato. Há muitas publicações que falam sobre o branding da Apple, por isso não vou me estender aqui, mas vale você compreender bem a marca para entender o poder dela.

Como grande fã da Montblanc, sou daqueles que, toda vez que entra em um shopping, vai até uma loja da marca para ver os produtos e sonhar em um dia tê-los. O fone, por exemplo, é meu grande sonho do momento! Ela é apenas uma marca de caneta, perfume, relógio, carteira, óculos, bolas e malas; tudo voltado ao homem — mas tem alguns produtos femininos — moderno, executivo e que está sempre querendo se vestir bem.

Não importa a coleção que ela lance, será um sucesso! A Lamy faz caneta, a Jequiti faz perfume, a Casio faz relógio, a Levi's tem carteira, a Ray-Ban

BRAND CANVAS

tem óculos, a Le Postiche tem malas e bolsas. Todos os produtos e as marcas citados são ótimos, mas não têm o glamour da Montblanc. Cada um tem o próprio público, é verdade, mas o poder da marca alemã, Montblanc, é muito superior ao das citadas, que, repito, têm excelentes produtos.

E como conseguir isso?

Nenhuma marca chegou ao patamar que chegou sem muito trabalho, estudo, constância e metodologias. Pode ter certeza de que a Apple chegou aonde chegou com tudo isso. Ao longo dos anos, muita coisa foi mudando e se adaptando, sem dúvida, mas a metodologia provavelmente não mudou muito, pois o pensamento de marca, o marketing e a comunicação, na sua essência, pouco mudam!

Passo 1: conheça a marca a fundo

Uma regra básica do universo do varejo é: se você não conhece o produto, você não vai conseguir vender nada. Ainda, é claro, deve conhecer bem o seu consumidor.

Não tem como fugir da regra de pesquisar a fundo a empresa, e isso não significa apenas olhar o site e as redes sociais da marca; esses são pontos que devem entrar na lista, mas não são os únicos.

Tenha uma conversa formal. Faça uma lista básica de perguntas, mas não fique preso nelas; se uma pergunta for mal respondida, crie outras para que você saia com uma resposta conclusiva; se uma resposta for muito grande, às vezes, nela, podem estar respostas para outras questões.

Seja claro com seu pesquisado ou pesquisada. Coloque as regras na mesa. É importante que a entrevista seja feita sempre olho no olho e que apenas você esteja na sala junto à pessoa da qual você quer extrair respostas.

Alguns diretores que o vão contratar, ou seu chefe, que lhe pediu — ou permitiu — a pesquisa, vão querer saber detalhadamente o que cada um disse; isso é puro ego e não vai mudar nada. Uma coisa a ser feita é jamais gravar as conversas e deixar isso claro para todos; o que anotar, se possível, mande depois apenas para a pessoa; ou seja, se você entrevistou o João, ao anotar tudo o que ele disse, envie as anotações apenas para o João.

No relatório a ser apresentado ao cliente ou ao chefe, coloque apenas os insights de cada questão, e jamais apresente a pessoa que deu aquele insight. Porém, se na pesquisa sair uma ideia de produto, campanha ou melhoria, aí sim, deixe claro de quem foi a ideia, dê crédito a quem merece.

Perfis da Razão da Marca:

Conversa com C-level: entenda com eles o porquê de a marca existir. Não é uma pergunta fácil, mas fundamental. No livro *O Estrategista*, da professora de Harvard Cynthia A. Montgomery, ela diz que, na aula de OPM (Owner/President Management), que ela ministra na universidade, a grande dificuldade dos CEOs é em dizer por que as empresas deles realmente existem. Dizer que a empresa existe para ganhar dinheiro é óbvio e todas são assim, logo, não há diferenciação. O propósito da marca precisa estar bem claro para todos, a começar pelo CEO, ou a empresa será apenas mais uma da qual, caso feche, poucos vão sentir falta.

Conversa com a gerência: uma empresa não é feita apenas do fundador ou C-level; ela é feita por um conjunto de pessoas que dedicam boa parte do seu dia para fazer acontecer. Ouça-as. Entenda a sua visão da empresa, mercado, concorrência e público. Saiba o que pensam sobre o presente e o futuro da empresa.

Conversa com coordenadores: ouça todos. A percepção de todos é o que ajuda você, como estrategista, a fazer um trabalho melhor. Converse, faça um roteiro de pesquisa — pode até ser o mesmo dos perfis acima — e ouça, converse e questione. O pesquisador não pode, nunca, sair com dúvidas sobre o que está pesquisando.

Converse com todas as áreas. Não é porque a sua pesquisa é sobre marcas que apenas os departamentos de marketing e comunicação devem ser ouvidos. Esse é o caminho básico! Você precisa ouvir a todos, do CEO ao time da faxina, e também representantes de todas as áreas da empresa: marketing, comunicação, jurídico, administrativo, financeiro, comercial, recursos humanos...

Feita essa primeira rodada, que na FM CONSULTORIA chamamos de Razão da Marca — mais bem explicada na metodologia 5Ps de Branding —, você precisa criar um documento que compile tudo o que pesquisou e conversou, através de insights.

Perfis da Voz das Ruas

Converse com consumidores: ouça o que eles têm para falar. Nós, na FM CONSULTORIA, dividimos consumidores em três perfis, que você pode ou não seguir, mas fica a dica aqui:

- Consumidores: quem compra com frequência.
- Consumidores esporádicos: quem compra com menos frequência.
- Amantes: quem ama a marca.

Também definimos ex-consumidores, mas em dois perfis:

- Ex-consumidores: em algum momento já consumiu, mas hoje não o faz mais.
- Detesta: não consome a marca de jeito nenhum.

Ainda temos um terceiro perfil, chamado de potenciais consumidores, ou seja, aqueles que estão quase fechando o negócio, mas nos aprofundamos mais nesse perfil para empresas B2B.

Vou dar um exemplo aqui para entender o perfil de cada um. Minha esposa e eu gostamos muito de Coca-Cola, compramos muito em casa. Eu posso ser considerado o amante da marca, pois tomo cerca de 1 litro por dia da bebida, entre almoço, lanche da tarde e jantar; além disso tenho em casa produtos da Coca-Cola, como roupa, quadros e cadernos. A minha esposa toma mais Coca-Cola Zero, ela é a saudável da família, por isso pode ser considerada consumidora. Já na casa da minha irmã, como ela tem dois filhos pequenos, de cinco e três anos de idade, eles compram Coca-Cola apenas para o fim de semana; às vezes, nem nesse período eles a tomam, e são consumidores esporádicos.

Por outro lado, temos em casa produtos que nunca mais usamos. Quando comecei a namorar a Maya, ela comprou um notebook da Samsung. A experiência com essa marca foi tão ruim que nos tornamos ex-consumidores. Hoje temos uma máquina de lavar roupa em casa da Samsung porque foi um presente dos meus pais; do contrário, teríamos outra marca. Nós também temos marcas que detestamos. Eu, por exemplo, nunca mais compro uma BMW, a experiência que eu tive com um carro da marca foi tão traumática, que nunca mais comprarei, mesmo sabendo da sua excelência. O recado que fica aqui é: o ex-consumidor e quem detesta a marca podem, em um determinado momento, ter sido consumidores, mas a frustração foi tanta, que desistiram da marca. Até porque, como disse no começo do livro, produtos são commodities, então, se eu não gosto de Samsung, pulo para LG, Sony, Panasonic ou Apple, com quase a mesma qualidade; assim como Jaguar, Mercedes ou Audi tem os mesmos atributos da BMW.

Os potenciais são aqueles clientes, no B2B, que estão com a proposta para fechar o projeto, mas por algum motivo ainda não assinaram o contrato. Converse e entenda o porquê, afinal, esse ponto que falta para ele assinar o contrato pode lhe servir como insight para a comunicação, de modo que ela deixe as pessoas mais seguras para fechar com a sua empresa.

Converse com todos os perfis e, pelo menos, com dez representantes de cada perfil. A marca sabe, principalmente o SAC, onde achar essas pessoas.

Estrutura de entrega

Capa: colocar uma foto que representa a marca, algo que fique bonito visualmente. Às vezes, a ajuda de um designer facilita as coisas e deixa o material mais bonito.

Sumário: tópicos do que será apresentado. Seja sucinto, uma palavra já representa o que vai ser mostrado. Deixe que os slides seguintes mostrem o conteúdo.

Apresentação: um breve resumo de no máximo cinco linhas do que será apresentado e como você conduziu as pesquisas. Seja breve no texto. Apresente o que realmente interessa, não coloque números; deixe-os para o próximo slide, de metodologia.

Metodologia: forma como a pesquisa foi realizada (online, presencial ou por e-mail), número de entrevistados e período da pesquisa.

Perfil do público: um breve resumo do perfil do público que você entrevistou. Mais uma vez, seja sucinto. Não precisa desenhar uma persona aqui, basta apresentar quem você entrevistou; por exemplo, se foi o CEO, apenas a sigla já deixa claro, afinal, as empresas têm apenas um CEO, mas se foi a diretoria, especifique, "diretoria de marketing" ou "diretoria financeira" já estará bem explicado. Coloque quantas pessoas de cada perfil você entrevistou.

Questões: colocar todas as perguntas feitas, na ordem em que foram feitas. Isso ajuda a orientar quem está lendo o material, já que nem sempre você vai apresentar esse material. Não há pergunta mais ou menos importante, a ordem delas pouco importa — a resposta importa.

Respostas: crie slides para cada uma das respostas. Siga a ordem acima, que é a mesma ordem das perguntas que você fez nos questionários. Faça três slides para cada resposta.

BRAND CANVAS

- **Slide 1:** insights das respostas. Sem citar nome de quem respondeu, coloque palavras, termos ou frases que você avalia serem os mais importantes para a resposta da questão.
- **Slide 2:** pegue o slide 1 e eleja, marcando de outra cor, entre três e cinco frases mais importantes.
- **Slide 3:** construa uma frase que resuma a resposta final, baseado em tudo o que você avaliou de cada uma das respostas para essa única pergunta.

Conclusão: nunca esqueça que as pessoas que verão o material querem saber a sua opinião, portanto, crie uma conclusão para tudo o que você leu, estudou, analisou e colocou no material. Faça uma análise e aponte caminhos que você, como estrategista, avalia serem os melhores!

Uma reflexão do livro de Cynthia vale ser ressaltada aqui: "boas estratégias nunca são estáticas — assinadas, seladas e entregues. Por mais que tenham sido bem concebidas ou bem executadas, qualquer estratégia colocada em prática por uma empresa hoje vai falhar em algum momento se a liderança encarar como um produto finalizado". Ou seja, depois de tudo que fez até aqui, é preciso entender que este é apenas o começo do processo; é preciso ir muito além, é preciso colocar em prática o que foi desenhado.

No final de 2021, eu dei uma entrevista para o canal Bora Falar de Branding, no YouTube. Uma das perguntas que o apresentador, Dário Menezes, me fez foi: "qual o maior problema do branding?". Não estava nada combinado, e essa pergunta, confesso, me pegou de surpresa, mas a resposta foi imediata: "fazer com que a empresa siga o que foi planejado". Ele até se assustou, mas eu explico o que quis dizer.

Na maioria das vezes em que entregamos um plano de marca, os donos da marca amam. Modéstia à parte, mas nunca ouvi críticas ao trabalho, só elogios atrás de elogios. Isso ocorre porque os clientes entendem que há muito estudo e metodologia para aquela entrega. Outra coisa: na FM CONSULTORIA, é proibido copiar projetos, mesmo que de segmentos diferentes, nós não copiamos nada — uma prática que vemos muito em outras empresas. Dito isso, sobre o processo, explico a seguir por que a grande dificuldade do branding é "fazer com que a empresa siga o que foi planejado", aproveitando o gancho do trecho citado do livro da Cynthia, *O Estrategista*.

Quando entregamos o projeto, o cliente aprova e começamos a execução. O pessoal de execução, seja do marketing ou da agência, simplesmente ignora o que foi apresentado. Ignora completamente a apresentação feita sobre branding, posicionamento e diferenciais. Deixa-a em uma pasta no desktop e nunca mais vai vê-la. Nem o trabalho de ver o Brand Canvas se dá. Ou seja, todo o trabalho de branding serviu para ser uma apresentação legal para o C-level, que, no dia a dia, não vai ficar de olho nas campanhas para saber se tudo aquilo que lhe foi apresentado realmente está sendo executado.

Por isso, seu papel no dia a dia é ver se as coisas estão saindo como você planejou. Quando entregamos o projeto de branding, começamos a fazer um roteiro de temas e, com isso, a criar uma matriz macro de conteúdo. Quanto mais mastigado, mais as agências gostam; é quase um copiar e colar, e todos ficam felizes. Achamos essa solução e ela tem sido muito bem aceita.

Em tempo, você precisa consumir esse programa, "Bora falar de Branding", é só jogar esse nome no YouTube. O Dário sempre entrevista pessoas sensacionais, entre VPs de grandes empresas e a agências, mostrando diversas visões de branding. Vale a pena demais!

E agora?

Você tem nas mãos dados muito interessantes. Dos 60 pontos analisados dentro dos 5Ps de Branding, pelo menos 45 estão nessas duas pesquisas. Com isso, fica mais fácil preencher o Brand Canvas. Veja que preencher esse documento não é simples; é preciso ter as informações para que ele se torne simples, portanto, o complicado é correr atrás delas.

Novamente, peço desculpas se estou repetitivo, mas é necessário reforçar cada um dos pontos para que fiquem bem claros na mente de todos. Alguns leitores e leitoras vão entender melhor a metodologia e nem precisarão ler esta parte; outros vão compreendê-la, mas é esta parte que vai esclarecê-la ainda mais; para outros, ainda, esta parte é o que vai ajudar a entende tudo. Portanto, é preciso ser muito claro aqui, mesmo que pareça repetitivo.

Com as informações, você abre a sua matriz do Brand Canvas e, de forma resumida, preenche cada campo dela. Ao longo do livro, deixamos muito claro como fazer isso, então, se tiver dúvida, volte alguns capítulos e veja como preenchê-la. Como disse, preencher é fácil, desde que você tenha as informações corretas em mãos.

MARCAS SÃO, FALAM E FAZEM

Marcas são, falam e fazem. O que isso significa? Simples: efetivamente, as marcas precisam ser quase seres humanos. Muitas metodologias de branding tentam criar um link entre marcas e pessoas. Muitos gestores fazem um exercício simples: se a marca fosse uma pessoa, qual seria? Por exemplo. Se a Mercedes-Benz fosse uma pessoa, quem ela seria? Talvez o George Clooney, por ser uma celebridade com muito estilo. A Apple poderia ser Freddie Mercury, com talento, inovação e muita personalidade. Essa é a minha percepção, caso eu fizesse o exercício acima, conforme mostrei aqui.

Construir marca é saber o que está acontecendo no mundo. Esse é um mantra do branding moderno. Quanto mais se conhece o mundo e as transformações que ele vem sofrendo, mais se fortalece a marca da sua empresa. Uma das grandes transformações no varejo é a eterna mudança de comportamento das pessoas; dito isso, fica mais fácil concluir que pensar no propósito da sua empresa passou a ser fundamental, ainda mais em um cenário no qual as marcas são, falam e fazem. Propósito não é papo de professor ou de autor de livro; muito menos de palestrante ou para deixar uma apresentação ao CEO mais embasada: propósito é dinheiro na mesa!

A cada dia, as pessoas se preocupam mais com o que a empresa é e por que existe. Ela precisa se portar como seres humanos, certo? Pois bem, se as pessoas buscam um propósito para a própria vida, as marcas precisam fazer o mesmo, afinal, marcas são, falam e fazem, e para isso precisam ser mais humanas! Humanizar a marca é cada vez mais visto com bons olhos pelos consumidores. Incluir o propósito como base disso faz todo o sentido, mas não se esqueça de que propósito que fica na apresentação nada diz. Propósito é discurso e prática ao mesmo tempo.

Humanizar a marca não é o Ronald McDonald

Tenha consciência disso. Humanizar a marca é ter uma comunicação mais próximo do consumidor; não é responder o Twitter com algo formal, mas sim com uma conversa. Como as pessoas conversam entre elas? Pessoas são felizes, certo? A Coca-Cola se apropriou disso. Marcas são, falam e fazem. Coca-Cola é uma marca que vai além do produto, conta isso para seus fãs e faz a diferença. Discurso e prática andam juntos, e não em paralelo, como muitas empresas mostram. Google quer organizar o mundo; Facebook quer aproximar o mundo. Temos aqui dois propósitos de marcas que ajudam a humanizar essas empresas.

Elas cumprem o que prometem?

Com certeza. O discurso e a prática estão juntos? Sim! Mais uma vez, estamos diante de que marcas são, falam e fazem. Propósito guia as empresas dentro e fora, gestores fazem do discurso uma prática diária.

Jaime Troiano diz que "marcas sem propósito são marcas sem alma". Você concorda com isso? Eu sim, e muito! Explico o porquê. Estamos falando que marcas são, falam e fazem, e nos remetemos à humanização da marca para isso, certo? Pois bem, o propósito da marca precisa ser o pilar para essa humanização. Entende onde entra a alma?

Aproprie de territórios-se

Marcas precisam dominar áreas que ajudem a engajar seus consumidores:

- Coca-Cola se apropriou do território da felicidade.
- A Audi, da velocidade.
- O Instagram, de fotos em aplicativo.
- Na Aposta1, nos apropriamos do desafio.

Apropriar-se de territórios em que os concorrentes não estão é necessário, mas além de falar "no território tal, quem manda somos nós", é preciso ser, é preciso falar e é preciso fazer. Essa é a diferença que as marcas fazem na mente e no coração das pessoas.

Acima, falei de marcas com alma; aqui, temos uma nova visão de por que ter essa alma. Sem um DNA único, marcas serão sempre iguais — e quando digo que marcas são, falam e fazem, não significa que devem falar mais do mesmo, afinal, mais do mesmo não impacta ninguém.

Volto ao exemplo do stand up comedy. Os artistas da área precisam achar a própria linha criativa, o que não é fácil, é preciso muito estudo, pesquisa com público, erros e acertos, até se chegar à essência. Essa essência é o pilar principal para chegar ao DNA; assim como os seres humanos, que têm um DNA único, as marcas também precisam ter, e é assim que elas são, falam e fazem. Da mesma forma que os comediantes são marcas, eles ganham dinheiro ajudando outras marcas a crescer no mercado.

Diferencie-se

Tenha seu próprio território de atuação no cérebro e no coração das pessoas. Brigar onde há territórios dominados exige muito investimento, e nem sempre os recursos são infinitos. Quantas marcas batem de frente com o McDonald's no território de fast-food?

Seja uma referência para o mercado, indo por um caminho que nenhuma outra tem coragem de ir. No futebol, os jogadores que mais se destacam são aqueles que tentam o algo a mais. No mundo das marcas, é a mesma coisa. Nem sempre inovar vai dar certo, mas ficar parado esperando as coisas acontecerem não é um dos melhores movimentos de uma empresa.

Marcas são, falam e fazem

Preocupe-se com o que a sua marca vai passar à frente. Quando dissemos que as marcas são, falam e fazem, não estamos falando de um post de Instagram, mas sim de atitudes de marca, de passar ao consumidor um DNA único. Marcas precisam se diferenciar, como dito anteriormente, produto é commoditiy, marcas não.

Tenha propriedade do que fala e faz. Ninguém é fiel ao que é igual aos outros. Se até a BIC consegue se diferenciar vendendo canetas, lâminas e isqueiros, por que a sua empresa não consegue?

- Diferença se faz em todos os momentos, interna e externamente.
- Copiar a concorrência é um tiro no pé.
- Esperar o que a concorrência faz é um passo para ser mais do mesmo.
- Tenha um tom de voz que tenha aderência ao DNA da marca.
- Marcas são, falam e fazem.
- Esse é um desenho que você precisa pensar da sua marca como um todo.
- Não se criam propósitos dentro da sala.

Marcas são

- Ouça o que querem as pessoas mais importante: os consumidores.
- O que é relevante para o marketing e para a agência nem sempre o é para o consumidor.
- Marcas que vencem mudam o jogo.
- Propósito é coerente e consistente, e isso vai além da frase bonita na parede.

- Marcas falam.
- Conte boas histórias.
- O cérebro humano ama uma boa história.
- Storytelling sempre esteve em alta.
- Mídia é a plataforma para boas histórias serem contadas, não são a história.
- Valorize as pessoas dentro da marca.
- Histórias são únicas.
- Tenha coragem para executar ideias, nem todas vão dar certo.

Marcas fazem

- Preocupe-se com o ecossistema da empresa.
- Sustentabilidade é pensar no entorno da empresa.
- Território diferenciado e próprio é referência para o mercado.
- Comunicação padronizada que foge de clichês.
- Crie códigos próprios.
- Desperte paixão.
- Crie conexões poderosas com as pessoas.
- Marcas entendem regras, depois as quebram.

Marcas falam

- Nunca copie a concorrência.
- Tenha propósito coerente e consistente.
- Marcas comunicam-se sempre com seu público.
- O storytelling envolve e conquista.
- Histórias de sucesso engajam o público.
- Crie relevância, com seus produtos, na vida das pessoas.
- Responda diariamente ao questionamento: por que comprar dessa marca?
- Esteja atento às tendências e transmita isso na comunicação, nos produtos e serviços.
- Marcas não lacram, lucram!

O que a sua marca está fazendo hoje?

CONCLUSÃO

E chegamos ao fim deste livro. Espero que você tenha gostado de ler da mesma forma que eu gostei de escrever. Este é o meu sexto livro. Um dia, coloquei na cabeça que até 2025 eu lançaria dez, estou no sexto, então acho que vai dar. Metas são feitas para nos incentivar a buscá-las. Não ganho muito dinheiro com livros, é verdade, mas tenho como propósito de vida compartilhar conhecimento. O que você leu aqui foram anos e mais anos de estudos, muitas referências de pessoas que são minhas grandes referências profissionais, e muitos dos melhores livros de branding têm citações aqui.

O Brand Canvas é uma metodologia criada pela FM CONSULTORIA, iniciado no projeto Aposta1, que tem outras vertentes, como o Grupo Boa Fé e o Conta Sorte. Essa metodologia nos ajudou muito — a mim e a toda a equipe envolvida nos projetos — a traçar um caminho para a marca. Foi menos difícil (pois nunca é fácil) trabalhar com uma marca que não existia, e tivemos muita liberdade para construir do jeito que achamos ser o caminho certo. O Brand Canvas, ajudou muito nesse processo, por exemplo, quando fomos criar a estratégia de redes sociais: fizemos em uma tarde o que demoraria cinco ou seis dias, pois o Brand Canvas estava pronto. Isso foi fundamental para construir esse projeto, e, é claro, além dele, os projetos de conteúdo para todos os canais, online e offline, foram seguindo o Brand Canvas.

Acredito que tenha ficado muito claro, neste livro, como construir o seu. Mas se não ficou, eu vou resumir aqui o passo a passo, além fato de que você deverá começar pela metodologia 5Ps de Branding — fazendo mais uma propaganda, você poderá saber mais da metodologia tanto no meu livro *Planejamento de Marcas no Ambiente Digital*, da DVS Editora, como no meu curso online de Branding na Trampos Academy ou no curso presencial sobre Branding Digital no Centro Universitário Belas Artes. Há várias opções, mas vamos ao resumo:

Passo 1: pesquisa

Faça o que, nos 5Ps, chamamos de Razão da Marca. Pesquise tudo sobre a marca, a empresa, a comunicação, os fundadores e os colaboradores. Converse do CEO à tia do cafezinho. Leia sobre a empresa na imprensa, veja entrevistas do CEO e/ou fundador. Entenda os pensamentos da marca.

Passo 2: pesquisa (de novo)

Faça o que, nos 5Ps, chamamos de Voz das Ruas. Converse com pessoas. Fale com quem está no ponto de venda, com quem passa na frente, com os vendedores. Converse com o time de SAC. Fale com as pessoas que seguem a marca nas redes sociais, envie questionários para as bases de e-mail. Passe a mão no telefone e ligue para alguns clientes. Ouça quem ama e quem odeia a marca; ouça quem já comprou e não compra mais; ouça quem compra toda a semana e quem compra uma vez por mês. Nenhum insight de ferramentas ou institutos de pesquisa será mais poderoso do que uma conversa olho no olho.

Passo 3: posicionamento

Crie o posicionamento da sua marca, analisando as 11 verdades dela e o território a ser dominado. Nas fases 1 e 2, Promessa, Propósito Percepção e Pessoas estarão bem definidos, sendo 4 dos 5Ps de Branding. Esse P, de posicionamento, o qual é o meu preferido, vai direcionar a marca, e nele há pontos fundamentais para saber como fazer isso.

Passo 4: Brand Canvas

Pegue o mapa, bem detalhado aqui, e preencha todos os campos. Como disse em várias partes do livro, todas as informações do Brand Canvas existem, basta você escavar cada uma dessas informações, através de metodologias proprietárias — e pode usar as aqui aprendidas ou as suas. Se fizer o passo a passo acima detalhado como 1, 2 e 3, de uma forma bem meticulosa e profissional, essas informações "cairão no seu colo", digo isso com tranquilidade.

Certa vez, eu e o Roberto Camargo, meu grande amigo e sócio em diversos projetos, pegamos um projeto de uma empresa de uniformes profissionais de Brasília. Fomos contratados por uma agência pequena, que aquela que se denominava "diretora de planejamento" da agência nada sabia sobre planejamento e marca. Enviamos um brief bem extenso, de 14 páginas, para a dona da marca preencher, o que foi feito através de uma entrevista gravada pela "diretora" e dona da marca. Quando montamos o projeto da marca, baseado nos 5Ps, o feedback da "diretora" foi que a gente só pegou os dados do brief e colocou em uma apresentação bonita. Então, cuidado com quem você trabalha, pois, se não entender que as informações estão escondidas por toda a empresa, esse feedback será constante. Também não faça — e obviamente não o fizemos — um compilado do brief e jogue em uma apresentação; pegue, sim, os dados e direcione o que a marca precisa fazer com eles. Essa inteligência é o diferencial dos verdadeiros planejadores de marca, comunicação, marketing, mídia, eventos ou conteúdo. Não são os dados, mas o que fazer com os dados.

Passo 5: crie a mensagem

O post no Instagram. O roteiro para a influenciadora da moda. A lista de palavras do Google. A chamada do banner na home page do portal. A frase a ser colocada na parede da loja física. A forma como o SAC vai atender o telefone. As ações de endomarketing do time de gestão de pessoas (antigo RH). O folder que o time comercial vai entregar a potenciais clientes. O carro adesivado da empresa. Tudo isso e muito mais são os pontos de contato que a marca terá com as pessoas. A todo o momento, as marcas estão tendo contato com diversos públicos. Tudo isso precisa ter uma linha de comunicação única e clara, do contrário, vai criar uma confusão na mente dos consumidores, e quando isso ocorre, eles simplesmente viram as costas para a marca. Temos mecanismos no cérebro que nos defendem, ou seja, eles nos afastam de tudo o que é confuso e que não entendemos; isso é químico, não muda. O Washington Olivetto sempre defendeu que a comunicação precisa ser simples — pergunta lá no Posto Ipiranga se é verdade ou não.

Finalizo este livro com a frase de um dos meus ídolos no futebol, Hernanes, conhecido como "Profeta", que jogou muitos anos no meu São Paulo FC, sendo campeão em uma passagem e nos livrando do rebaixamento em outra: "A nossa vida é uma sucessiva sucessão de sucessões que se sucedem sucessivamente". Branding é algo subjetivo e que muda o tempo todo!

BIBLIOGRAFIA

A Lógica do Consumo. Martin Lindstrom, HarperCollins, 1ª edição, 2018.

Brand Intelligence. Jaime Troiano, Estação das Letras e Cores, 1ª edição, 2017.

Branding. Alice M Tyboute e Tim Calkins, Atlas, 2006.

Branding. Marcos Bedendo, Saraiva Uni, 1ª edição, 2019.

Brand Jam. Marc Gobé, Rocco, 1ª edição, 2010.

Brandsense. Martin Lindstrom, Bookman, 2ª edição, 2011.

Brandwash. Martin Lindstrom, Alta Books, 1ª edição, 2018.

Comece pelo Porquê. Simon Sinek, Sextante, 1ª edição, 2018.

Conteúdo de Marca. Leonardo Moura, Summus Editorial, 1ª edição, 2021.

Digital Branding. Daniel Rowles, Autêntica Business, 1ª edição, 2019.

Guiados pelo Encantamento. Joseph A. Michelli, DVS, 2017.

Innovatrix. Clemente Nobrega e Adriano Lima, Agir, 2010.

Marcas no Divã. Jaime Troiano, Globo, 2009.

Marketing 4.0. Philip Kotler, Editora Sextante, 2017.

Marketing de Conteúdo. Rafael Rez, DVS, 2017.

Neuropropaganda de A a Z. Antonio Lavarede e João Paulo Castro, Record, 1ª edição, 2016.

O Estrategista. Cynthia A Montgomery, Sextante, 2012.

O Herói e o Fora-da-Lei. Margaret Mark e Carol S. Pearson, Cultrix, 1ª edição, 2003.

O Significado da Marca. Mark Batey, Best Seller, 2010.

On Branding. David Aaker, Bookman, 2015.

Planejamento de Marca no Ambiente Digital. Felipe Morais. DVS Editora, 2020

Planejamento Estratégico Digital. Felipe Morais. Saraiva Uni, 2017

Propósito. Joey Reiman, Alta Books, 2018.

Story Brand. Donald Miller, Alta Books, 1ª edição, 2019.

Qual É o Seu Propósito? Jaime e Cecília Troiano, CLA, 1ª edição, 2019.

SUGESTÃO DE LEITURA:

PLANEJAMENTO DE MARCA NO AMBIENTE DIGITAL
Felipe Morais

www.dvseditora.com.br

Impressão e Acabamento | Gráfica Viena
Todo papel desta obra possui certificação FSC® do fabricante.
Produzido conforme melhores práticas de gestão ambiental (ISO 14001)
www.graficaviena.com.br